Annemarie
Schimmel
Meine
Seele
ist eine
Frau
Das Weibliche
im Islam

Annemarie
Schimmel

Meine
Seele
ist eine
Frau

Das Weibliche
im Islam

Kösel

In dankbarer Erinnerung
an Samiha Ayverdi

Mit 8 Abbildungen:

S. 24/25: Mohammeds Himmelsreise. Die Begegnung mit den ersten heiligen Frauen des Islam. Bibliothèque Nationale, Paris;
S. 48/49: Sitzende Prinzessin mit einer Blume. Iran, Buchara-Stil (ca. 1540). Sackler-Museum – Harvard University, Cambridge, Mass.;
S. 64/65: Yusuf und Zulaikha im Garten (Jami ca. 1560). The British Library, London;
S. 80/81: Ein Derwisch in Frauentracht. Moghul Album (ca. 1570). The Britisch Museum, London;
S. 96/97: Die Königin von Saba mit dem Wiedehopf. Iran (ca. 1590). The British Museum, London;
S. 112/113: Keramik-Platte, Iran (1210). Smithsonian Institution, Washington;
S. 128/129: Salomo und Bilqis auf dem Thron. Stil von Qazvin/Isfahan, um 1590. Bibliothèque Nationale, Paris;
S. 160/161: Madschnun in der Wüste, Iran. ebd.

ISBN 3-466-20400-3
(c) 1995 by Kösel-Verlag GmbH & Co., München
Printed in Germany. Alle Rechte vorbehalten
Druck und Bindung: Kösel, Kempten
Umschlag: Elisabeth Petersen, Glonn
Umschlagmotiv: Sitzende Prinzessin (Ausschnitt), Iran (ca. 1540), Sackler-Museum – Harvard University, Cambridge, Mass.

2 3 4 5 · 99 98 97 96

Gedruckt auf umweltfreundlich hergestelltem Werkdruckpapier (säurefrei und chlorfrei gebleicht)

Inhalt

Vorwort

Die Zahl der Bücher, die sich mit der Frau im Islam beschäftigen, wächst unaufhaltsam; soziologische Studien werden gemacht, medizinische Probleme angerührt, der Harem im positiven und negativen Sinne untersucht, Werke über arabische und türkische Herrscherinnen verfaßt, über Sexualprobleme, über Kindererziehung – kurz, »die Frau im Islam« ist ein Modethema geworden, an dem sich Feministinnen besonders gern versuchen, sehr oft freilich ohne genügende Kenntnis der historischen Tatsachen und vor allem ohne Kenntnis der islamischen Sprachen und Literaturen. Noch immer bleibt Wiebke Walthers schöne Studie »Die Frau im Islam« eine solide Grundlage für weitere Forschung, und Sachiko Muratas höchst anregendes Werk »The Tao of Islam« untersucht die Geschlechterbeziehung im Islam vom Standpunkt einer in der islamischen Jurisprudenz wie der Mystik höchst belesenen Gelehrten.

Wenn hier ein neuer Versuch zu einem anderen – und hoffentlich besseren – Verständnis des Weiblichen in der islamischen Mystik vorgelegt wird, so nicht, um plötzlich mit dem Strom feministischer Literatur zu schwimmen. Bereits 1950 hatte ich Artikel über die Frau im Sufismus veröffentlicht – teils aus persönlichen Gründen, teils weil Professor Friedrich Heiler, mit dem ich damals eng auf dem Gebiet der Religionsgeschichte zusammenarbeitete, immer wieder Vorlesungen und Seminare über die Stellung der Frau in den Religionen hielt, die ganz neue Einsichten brachten. Das Thema der »Frau im Sufismus«, erstmals so gut von Margaret Smith in ihrem Standardwerk über die große Rabiᶜa (»Rabia the Mystic and her Fellow Saints in Islam«, 1928) bearbeitet, hat mich immer fasziniert – nicht nur wegen seiner literarischen Wichtigkeit, sondern auch durch die Begegnung mit heiligmäßigen Frauen, mystischen Führerinnen in der islamischen Welt, durch Besuche an Gräbern solcher, oft legendären, Frauen in der Türkei, in Indien und Pakistan. Einer von ihnen, der türkischen mystischen Schriftstellerin Samiha Ayverdi (1906-1993) ist dieses Buch in Dankbarkeit gewidmet; ich verdanke ihr viel Kostbares.

Es wäre lockend, die Rolle der Frau in der islamischen Gelehrsamkeit zu beschreiben: groß ist die Anzahl der Frauen in den Traditionswissenschaften, in der Überlieferung von *hadith*, Traditionen, des Propheten (wenn man auch die Prüfung der Überlieferung als ᶜ*ilm ar- ridschal,* »Wissenschaft von den Männern«, bezeichnet). War nicht die jüngste Frau des Propheten, ᶜA'ischa, eine Quelle für zahlreiche Überlieferungen, vor allem über das Privatleben des Propheten? Und wie die Zeitgenossinnen des Propheten ihn um theologische Probleme befragten, sind auch später Frauen als Theologinnen bekannt; ja, ein persisches Werk, geschrieben um 1600, schildert die Argumente von fünf theologisch gebildeten Frauen, um vor allem Fragen der von der Orthodoxie abgelehnten volkstümlichen Sitten und Vorstellungen zu klären. Ruth Roded hat in ihrem Werk »Women in Islamic Biographical Collections« gezeigt, daß der verhältnismäßig hohe Anteil von Frauen in den Werken der Biographen seit dem 9. Jahrhundert bis heute ziemlich konstant geblieben ist.

Eine andere wichtige Quelle für unsere Kenntnis weiblichen Lebens sind Bücher, die das rechte Benehmen der Frauen schildern, *adab*-Bücher für junge Mädchen, wie etwa die Studie der Fürstin von Bhopal, Schahdschahan Begum, im zweiten

Drittel des 19. Jahrhunderts, *»Tahdhib an-niswan wa tarbiyat al-insan«*, »Polierung der Frauen und Erziehung des Menschen«, dem in unserem Jahrhundert das umfangreiche Werk *»Bihischti Ziwar«*, »Paradiesischer Schmuck« des Aschraf ᶜAli Thanawi folgte, das lange Zeit jungen Mädchen in Indien für ihre Aussteuer mitgegeben wurde: dort lernten sie, entsprechend den strengen Moralvorschriften der theologischen Schule von Deoband, das rechte Benehmen in allen Lebenslagen: wie man respektvolle Briefe an die Eltern schreibt; wie man die zahllosen abergläubischen Bräuche vermeidet, die sich im Islam eingeschlichen hatten, und wie man sich um Kenntnis des wahren Glaubens bemühen solle. Das Buch, geschickt und informativ zusammengefaßt von Barbara D. Metcalf *(Perfecting Women)*, ist eine ausgezeichnete Einführung in die Ideale, denen ein gutes muslimisches Mädchen folgen sollte. Man sollte es aber zusammen studieren mit den Frauenbildungsromanen, die im ausgehenden 19. Jahrhundert in der islamischen Welt veröffentlicht wurden und oftmals noch fortschrittlichere Ideen propagieren. Im indo-muslimischen Bereich sind es Werke wie Deputy Nazir Ahmads *»Mir'atal-ᶜarus«*, »Der Spiegel der Braut«, wo die wohlgebildete fleißige Heldin sich u.a. auch durch ihre Wohltätigkeit auszeichnet, den Armen im Winter warme Decken schenkt, und bei anderen Gelegenheiten Korane verteilt. Im Sindhi geht der Roman *»Zinat«* von Mirza Qalich Beg (1892) noch weiter und schildert, wie eine gut in den klassischen Wissenschaften ausgebildete Frau sich in jeder Situation richtig und erfolgreich zu verhalten weiß.

Um die Probleme der muslimischen Frau recht zu verstehen, sollte man auch ihren literarischen Aktivitäten nachgehen; man könnte mühelos eine umfangreiche Anthologie zusammenstellen, die von Frauen verfaßte Gedichte enthält. Beginnend von den altarabischen Klageliedern, wie sie von Frauen für ihre gefallenen Brüder gesungen wurden (und sich noch in der modernsten arabischen Dichtung wiederfinden, so in Fadwa Tuqans »Klage um ihren Bruder«), über mystische Liebesverse und über frivole Vierzeiler der persischen Poetin Mahsati zu lyrischen Sängen persischer und türkischer Frauen, nicht zu vergessen die Verse, die Fürstinnen und Prinzessinnen zugeschrieben werden (z.B. in Fakhri Harawis um 1560 in Sind verfaßten *»Dschawahir al-ᶜadscha'ib«*; die Mogulprinzessin Zeb un-nisa, gest. 1689, ist ein besonders gutes Beispiel) – kurz, eine solche Anthologie würde zeigen, wie aktiv sich muslimische Frauen aller Nationalitäten an der Poesie beteiligt haben und noch beteiligen.

Ähnliches ließe sich von den Kalligraphinnen sagen, deren Namen uns in kostbaren Koranabschriften oder anderen Texten erhalten sind; die Lehrerinnen, die Professorinnen, bei denen manche große Gelehrte einen Teil ihrer Ausbildung erhielten, sind gleichfalls erwähnenswert.

Nicht zu vergessen die in der Politik tätigen Musliminnen; die Frauen und Mütter der Kalifen waren – wenn auch nicht ganz öffentlich – aktiv in der Politik, vor allem der Religionspolitik tätig, wie L. Massignon es für die Zeit um 900 gezeigt hat; als Herrscherinnen begegnen sie uns vor allem in den Randgebieten der islamischen Welt: Ibn Battuta fand auf den Malediven eine muslimische Königin; bei den nordafrikanischen Tuareg herrscht eine erstaunliche Freiheit der Frauen, wie er etwas mißbilligend erwähnt. In der türkischen Tradition herrschten Frauen ungehindert: Deswegen konnte der türkstämmige Herrscher von Delhi, Iltutmisch, 1236 seine Tochter Razia als Nachfolgerin einsetzen – wenige Jahre ehe in Ägypten Schadscharat ad-Durr, eine ehemalige Sklavin, für einige Jahre regierte. Später spielten die Frauen der herrschenden Schicht Indiens nicht nur in der Mogulzeit eine führende Rolle, sondern auch in den Königreichen des Dekkan – besonders hervorzuheben ist die Königin Tschand Bibi von Ahmadnagar, die 1600 bei der Verteidigung ihrer Hauptstadt von ihren eigenen Offizieren beseitigt wurde. Fürstinnen in Delhi und Agra ebenso wie in Golconda und Bidschapur zeichneten sich als Mäzeninnen von Architektur, Kalligraphie und Literatur aus – und ist nicht der berühmteste Grabbau der Welt, der Tadsch Mahal, für eine muslimische Königin errichtet, für Mumtaz Mahal, die Gemahlin Schah Dschahans, die 1631 bei der Geburt ihres vierzehnten Kindes starb? Nicht zu vergessen das politische Engagement muslimischer Frauen im indischen Freiheitskampf vor 1947!

Es wäre auch lohnend, eine Zusammenstellung von Frauendarstellungen in der Miniaturmalerei zu versuchen, von den abstrakteren persischen Miniaturen, wie sie die persischen Epen illustrieren, bis zu den lebensnahen Porträts der Mogulschule in Indien; eine Analyse der Gesichter und der Kleidung wäre hochwillkommen.

Dazu würde auch ein Studium der Ehrentitel gehören, mit denen Damen angeredet wurden; die Handbücher des Sekretariats enthalten genaue Formeln, welche Dame durch welche Anrede zu ehren ist, wie das Format eines Briefes an sie aussehen muß, und ähnliche wichtige protokollarische Formen. Genaue Formulare sind aus der Mamlukenzeit bekannt, finden sich aber überall, wo Hofkanzleien wirkten. Und es gibt eine Anzahl von Werken in Arabisch, Persisch, Türkisch und Urdu, die mehr oder minder ausführliche Biographien berühmter Frauen bieten.

Natürlich darf man bei der Aufzählung all dieser positiven Aspekte nicht vergessen, daß sich die Lage der Frau im Laufe der Zeit verschlechterte, daß die einst flexiblen Regelungen sich verhärteten und Negativvorstellungen sich ausbreiteten. Die koranische Feststellung (Sura 2:228), daß »die Männer über den Frauen sind«, wurde zunehmend im Sinne einer Erniedrigung der Frauen ausgelegt, wodurch viele ihrer verbrieften Rechte beschnitten wurden – und Frauen, die niemals Lesen und Schreiben gelernt hatten, wurden von kalkulierenden Rechtsgelehrten oftmals über ihre Erbrechte, Möglichkeiten zur Scheidung und Ähnliches im unklaren gelassen. Denn je länger desto mehr setzte sich der Gedanke durch, Frauen sollten nicht lesen oder schreiben lernen, obgleich bekannt ist, daß zumindest eine der Frauen des Propheten des Lesens und Schreibens kundig war. Doch die Frage ist bis in die Neuzeit in *fatwas*, »Rechtsgutachten« diskutiert worden.

Die volkstümliche Literatur ist voll von Geschichten über die Listen der Weiber; aber man sollte daraus nicht auf eine spezielle Haltung der Muslime zu den Frauen schließen, denn man kennt so etwas ja auch im Westen. Ernster zu nehmen sind Versuche der Theologen, darüber zu diskutieren, ob Frauen im Paradies mit der *visio beatifica*, der beseligenden Schau Gottes, gesegnet werden (die aber ohnehin ein Problem für Theologen war). Ja, können sie überhaupt ins Paradies, wo doch die Mehrheit der Höllenbewohner nach einem angeblichen Wort des Propheten Frauen sind? Eine dem Propheten zugeschriebene andere Bemerkung steht dieser negativen Ansicht gegenüber; als ein altes Weiblein ihn ängstlich fragte, ob solche elende Geschöpfe wie sie ins Paradies kämen, verneinte Muhammad, setzte aber lächelnd hinzu: »Nein, sie werden alle in schöne Jungfrauen verwandelt werden«.

Man sollte auch nicht vergessen, daß das Ideal in der muslimischen Gesellschaft die *verheiratete* Frau und, noch mehr, die Mutter war, und zu einem der am häufigsten zitierten Prophetenworte gehört der Ausspruch: »Wäre es erlaubt, daß man sich vor etwas anderem als Gott niederwürfe, so sollten sich die Frauen vor ihren Ehemännern niederwerfen«. Das klingt gewiß nicht nach Gleichberechtigung, aber heißt es nicht auch in der Bibel: »Er soll dein Herr sein!«?

Auf einem Gebiet aber hat die Frau volle Gleichberechtigung, und das ist in der Mystik, selbst wenn die vollkommene Frau als »Gottesmann« bezeichnet wird. Die Bewunderung für fromme und gelehrte, gottesliebende Frauen ist in der gesamten Geschichte des Islam bekannt, und ihnen wollen wir uns in dieser Studie zuwenden, sei es als aktuelle historische Gestalten, sei es als Symbole der Seele, die sich nach Gott sehnt.

Anregung zu den hier vorgelegten Gedanken verdanke ich in erster Linie meinem Mitarbeiter und Nachfolger in Harvard, Professor Dr. Ali S. Asani, dessen Studien über die Frauen-Seele in der Devotionsliteratur der Ismailis ein ganz neues Feld der Forschung eröffneten. Mit ihm sowie mit Professor Dr. Sachiko Murata, State University of New York at Stony Brook, haben wir manchesmal das Problem der Polarität und der Rolle des Weiblichen im Islam diskutiert. Dr. Dorothea Duda half unermüdlich bei Auswahl und Beschaffung der Illustrationen. Mein Dank gilt auch Herrn Dipl.theol. Anton Kenntemich für interessante Hinweise. Christa Sadozai wirkte wieder als »Schreiber-Engelin«.

Allerheiligen 1994   *Annemarie Schimmel*

Einleitung

Und meine Seele ist ein Weib vor dir
und ist wie der Naemi Schnur, wie Ruth.

So singt Rilke im ›Stundenbuch‹, und dem christlich-abendländischen Leser ist das Bild völlig vertraut: die liebende junge Frau oder Jungfrau, die ihre Liebe in Demut darbringt, wie Ruth, oder in leidenschaftlichen Worten nach dem Geliebten ruft, wie Sulamith im Hohenlied, oder die sich als des »Herren Magd« empfindet und alles, was Er beschließt, dankbar und fraglos annimmt. Die christliche Welt kennt zahlreiche Mystikerinnen, und rühmt sich leidenschaftlicher Sängerinnen der Gottesminne, wie etwa der Mechthild von Magdeburg; sie kennt Frauen, die das Mysterium der Geburt und Pflege des Gotteskindes in ihrem eigenen Leben zu verwirklichen suchten, wie Margarete Ebner, und Frauen, die Gott in absoluter Hingebung dienten und andere dadurch in den Bannkreis der Feuerburg ihres Herzens zogen, wie Teresa von Avila, oder die ihre gottgegebene Kraft auch zum Eingreifen in politische Verhältnisse nutzten, wie Katharina von Siena oder Birgitta von Schweden. Kurz, das Thema der gottliebenden Seele (der »Brautseele«, wie Peter Hille sie im 19. Jahrhundert in säkularisierter Form in seinem Gedicht dieses Titels besang) ist im Abendland wohlbekannt, und die Auslegung des Hohenliedes, vor allem durch Bernhard von Clairvaux, gab solchen Gedanken besonderes Gewicht.
Aber wie würde ein Muslim auf den Vers Rilkes reagieren, in dem sich die Seele als demütig liebende Frau zeigt?

15

Nun, zum Erstaunen aller, die im Islam eine rein männlich ausgerichtete Religion sehen, würde er Rilkes Bild durchaus verstehen und, wenn er ein wenig in den Literaturen der islamischen Sprachen zuhause wäre, würde er auch sogleich interessante Vergleiche anstellen. Denn zum einen weiß der Islam, daß das Leben ohne die Polarität von Mann und Frau (von *yang* und *yin*, wie Sachiko Murata in ihrem Werk »The Tao of Islam« es nennt) nicht bestehen kann. Und wenn der Koran (Sura 2:187) dem Mann sagt: »Die Frauen sind ein Gewand für euch und ihr seid ein Gewand für sie«, so bedeutet das religionsphänomenologisch, daß der eine jeweils das *alter ego* des anderen ist, denn das Gewand steht ja gewissermaßen stellvertretend für die Person. Zum anderen ist die islamische Mystik, der Sufismus, durchaus von femininen Zügen geprägt. Gewiß ist die Bildersprache vor allem der arabischen Sufis durchaus von dem klassischen Modell der Liebe zu einer unerreichbaren Frau geformt, und in ungezählten persischen Versen liest man von der Verzauberung durch einen mond-schönen vierzehnjährigen Knaben, einem »Schenken« (oft als Christenknabe oder als junger Zoroastrier besungen). Dies ist zwar eine platonische Liebe, doch wie bestimmend sie für das Bild des Sufismus zumindest in der persischen Welt ist, wird aus Hellmut Ritters gewaltigem Werk »Das Meer der Seele« deutlich. Die Liebe des mächtigen Königs Mahmud von Ghazna (reg. 999 bis 1030) zu seinem Militärsklaven Ayaz, oft literarisch verwendet, zeigt, wie Liebe sogar den König zum »Sklaven seines Sklaven« werden lassen kann.

Die Biographien von Sufis zählen Hunderte von »Gottesmän-nern« auf; es genügt im arabischen Bereich an Sulamis und Abu Nuᶜaims hagiographische Werke zu denken, die kurz nach dem Jahre 1000 verfaßt wurden und dann persischen Schriftstellern als Modelle dienten. ᶜAttars *»Tadhkirat al-au-liya«* aus dem späten 12. Jahrhundert und 300 Jahre später

Dschamis (gest. 1492) *»Nafahat al-uns«* (die erweiterte Fassung der ersten persischen Heiligenviten von ᶜAbdullah-i Ansari, gest. 1089) sind hier als Muster der oft in Legenden auswuchernden Heiligenbiographien zu nennen, denen man noch zahlreiche spätere indische und türkische Werke zur Seite stellen kann. Sie alle enthalten nur wenige Namen von Frauen, die als Mystikerinnen berühmt wurden. Leider ist Sulamis (gest. 1021) Werk über die frommen Frauen nicht erhalten.

Die beiden herausragenden Gestalten in der Geschichte des Sufismus aber, der Andalusier Ibn ᶜArabi (1165-1240) und der aus dem nördlich vom heutigen Afghanistan gelegenen türkisch-persischen Gebiet stammende, aber den größten Teil seines Lebens im anatolischen Konya lebende Maulana Dschalaluddin Rumi (1207-1273) nahmen eine ganz besondere Haltung zum Weiblichen ein, das sie in manchmal gegensätzlichen Bildern zeichneten.

All die klassischen Werke und alle Sufis müssen aber zugeben, daß die entscheidende Gestalt in der Frühgeschichte des Sufismus eine Frau war, Rabiᶜa al- ᶜAdawiyya, die, wie die Überlieferung weiß, erstmals das Element der Absoluten Gottesliebe in den streng asketischen Sufismus des 8. Jahrhunderts einführte. Ihr gebührt der Ehrenplatz in der Geschichte der mystischen Liebe im Islam. Rabiᶜa war es, von der es heißt: »Wenn eine Frau auf dem Wege Gottes wandelt, kann sie nicht als »Frau« bezeichnet werden.« Eine solche Frau ist, wie es immer wieder heißt, ein »Mann«, und die Verwendung des Wortes »Mann« (*radschul* im Arabischen, *mard* im Persischen, *er* im Türkischen) stellt eine weitere Schwierigkeit beim Verständnis der Rolle der Frau in der mystischen Theorie und Praxis dar. Aber das Wort »Mann« kann auf jeden nach Gott ernstlich strebenden Menschen angewendet werden, ohne daß das Geschlecht eine Rolle spielt. Wenn der Sindhi-Dichter Schah ᶜAbdul Latif im 18. Jahrhundert von seiner Heldin spricht,

17

die sich tapfer auf den Weg zum Geliebten macht, ohne der Schwierigkeiten und Leiden zu achten, so nennt er sie »männlich«.

In der Literatur spielt die Gleichung Frau–Seele eine wichtige Rolle. *nafs*, »Seele« oder »selbst«, ist ein feminines Wort, das im Koran in spezifischem Sinn dreimal vorkommt – wo die »zum Bösen anreizende Seele« (Sura 12:53), die »tadelnde Seele« (Sura 75:2) und die »Seele im Frieden« (Sura 89:27-28) erscheinen, und sie wird gern mit einem Weib verglichen, das, wie die Asketen meinten, »zum Bösen anreizt«. In dieser Rolle ist die weibliche *nafs* gewissermaßen ein Abbild der *dunya*, der irdischen Welt, ebenfalls feminin, und die muslimischen Schriftsteller haben fast ebenso unfreundliche Bemerkungen über die verführerische, Mann und Kinder verschlingende »Frau Welt« gefunden wie die christlichen Theologen des Mittelalters, denn auch »Frau Welt« sucht ja den Mann von seinen intellektuellen oder religiösen Anstrengungen abzulenken – die typische asketische männliche Furcht vor der Kraft des Weiblichen!

Jedoch ist durch die im Koran angedeutete Dreistufigkeit der *nafs* die Grundlage dafür gegeben, die Entwicklungsmöglichkeiten des Weibes höher einzuschätzen, und selbst ein nicht gerade frauenfreundlicher Dichter wie Sana'i (gest. 1131) sagt: »Eine gute Frau ist besser als tausend Männer«. Doch seine Aversion gegen das weibliche Geschlecht führt ihn auch dazu, den Namen des Sternbildes des Großen Bären, im Arabischen *banat an-na'sch*, »Töchter der Bahre«, genannt, zu kommentieren, daß Töchter ja auch besser auf einer Bahre als im Leben wären…

Jedoch wäre es erstaunlich, wenn der Islam eine ausgesprochen frauenfeindliche Religion wäre, hat doch der Prophet Muhammad in einem oft kommentierten Wort gesagt: »Es wurden mir lieb gemacht von eurer Welt Frauen und Wohl-

18

geruch, und mein Augentrost ist im Gebet«. Denn Frauen sind etwas Wohlduftendes: »gut«, *tayyib*, und »Duft«, *tib*, gehören zur gleichen arabischen Wurzel. Man denke auch daran, daß die erste Gattin des Propheten, Khadidscha (gest. 619), mit der er 25 Jahre in monogamer Ehe lebte, ihn bei dem unerhörten seelischen Schock, den die ersten Offenbarungen auslösten, unterstützte und tröstete; ihre jüngste Tochter, Fatima, Mutter der beiden für den Glauben getöteten Prophetenenkel Hasan und Husain, ist in der schiitischen Frömmigkeit das höchste und edelste Vorbild der Frauen.

Das Muttermotiv spielt im Islam eine zentrale Rolle. Man hat darauf hingewiesen, daß das Wort *rahma*, »Barmherzigkeit«, der gleichen arabischen Wurzel entstammt, wie *rahim*, »Mutterschoß«; es wäre daher durchaus möglich, von der »Mutterliebe« (im weitesten Sinne) des Schöpfers zu sprechen. »Das Paradies liegt unter den Füßen der Mütter«, sagte der Prophet, und der Mutter gebührt die nimmer endende Fürsorge des Menschen.

So kann auch die Seele als mütterliches Element dargestellt werden, und in mystisch-theosophischen Strömungen kann jede produktive Handlung als »Ehe« angesehen werden; wenn Stahl und Feuerstein sich vereinen, entsteht aus der »Ehe« beider etwas Höheres, nämlich Feuer. Denn allein das Zusammenwirken von männlichem und weiblichem Element kann das Leben auf einer höheren Stufe weiterführen, so, wie auch das maskuline, harte Element »Furcht« und das feminine sanfte Element »Hoffnung« zur »Geburt des wahren Glaubens führen«, wie schon Sahl at-Tustari (gest. 896) festgestellt hatte. Intellekt, ein *yang*-Element, und die rezeptive Seele, ein *yin*-Element, gehören untrennbar zusammen, wie Analyse und Synthese oder wie »Wissenschaft und Liebe« (um den Titel von Iqbals berühmten persischen Gedicht zu übernehmen).

Aber gibt es in der islamischen Mystik wirklich etwas, das man dem anfangs zitierten Rilke-Vers zur Seite stellen könnte? Erscheinen Frauen als sehnsüchtige Seelenmodelle, die ihre liebende Hingabe in einer ihnen eigenen Sprache ausdrücken? Sie erscheinen in der Tat in dieser Rolle, und ein genaues Studium der Daten in der mystischen Literatur zeigt eine sehr interessante Entwicklung des Themas.

Der Koran spricht selten von Frauen. Eva wird erst in den volkstümlichen Prophetenlegenden als Verführerin dargestellt, der Koran aber erwähnt ihre Rolle beim Sündenfall nicht; es gibt keine Vorstellung von einer durch Geschlechtlichkeit weitergetragenen Erbsünde. Namenlose weibliche Gestalten sind zu finden; nur Maria, Maryam, die Jungfrau, die Jesus, den letzten Propheten vor Muhammad, gebar, ist namentlich im Koran genannt. Sie ist eine Lieblingsgestalt der Muslime und besonders der Mystiker: die jungfräuliche Mutter, die im Schmerz der Wehen den verdorrten Palmbaum ergriff, der sogleich süße Datteln über sie schüttete (Sura 19:25), ist, wie im Christentum, die wahre Magd des Herrn. Am wichtigsten für die spätere literarische Entwicklung aber wurde die aus dem alten Testament bekannte Frau des Potiphar, Zulaikha (Sulaika) genannt, mit ihrem Versuch, Joseph (Yusuf) zu verführen. Sie hat den Dichtern immer wieder als *nafs*-Symbol gedient – eine *nafs* freilich, die durch grenzenlose Liebe und daraus folgendes grenzenloses Leid geläutert und schließlich mit Yusuf vereinigt wird; die rastlos suchende leidende Liebende findet am Ende des Weges die unvergleichliche Schönheit, wie sie sich in Yusuf manifestiert. So wird die Geschichte von Yusuf und Zulaikha zur Geschichte der Seele, die sich leidenschaftlich nach dem Quell aller Schönheit, nach Gott, sehnt. Und mancher Sucher hat sich mit Zulaikha identifiziert (s.u.S. 58ff.).

In der klassischen mystischen Dichtung tritt die in Sura 27 erwähnte Königin von Saba, in der Tradition Bilqis genannt, zurück, und Maria hat ihre eigene Funktion: liebliche Knospe, die sich zur duftenden Blüte »Jesus« entfaltet. Aber im Werk des größten mystischen Dichters des Islam, Maulana Rumi, erscheinen alle drei Frauen als Symbole der liebenden Seele. Etwas eher als Rumi schrieb Ibn ᶜArabi, der größte Theosoph (im klassischen Sinn) des islamischen Mittelalters, in seinen gewaltigen »Futuhat al-makkiyya«, daß auch Frauen den höchsten mystischen Rang erreichen könnten, und wies darauf hin, daß nicht nur ein meist negativ belastetes Wort wie *nafs* weiblich sei, sondern auch das Wort *dhat*, »Essenz, Wesen«, denn in Gott ist das schöpferische männliche wie das rezeptive weibliche Element enthalten, und ohne den weiblichen Spiegel, nämlich das geschaffene Universum, könnte Gott Seine eigene Schönheit nicht betrachten. Ibn ᶜArabi hat die zentrale Rolle des weiblichen Elements in der Welt so stark betont, daß moderne muslimische Kritiker ihn der Neigung zu »parasexuellen Symbolismus« bezichtigt haben. Aber seine Gedanken über das Weibliche, das unlösbar mit dem Männlichen verbunden ist (war Eva nicht ein Teil Adams?) haben lange weitergewirkt.

Am deutlichsten ausgeprägt ist in der mystischen Tradition das Bild der »Brautseele« im indo-pakistanischen Bereich. Es wäre zu einfach, hier nur eine automatische Übernahme des Begriffes der *virahini* anzunehmen, die in der indischen Tradition, vor allem in der *bhakti*-Mystik, im Mittelpunkt steht, denn nur die Frau, so heißt es, kann wirklich *prema*, »Liebe« und *viraha*, »Sehnsucht« empfinden, und wenn ihr Geliebter, Verlobter oder Ehemann fern von ihr ist, leidet sie unsagbar unter dem Trennungsschmerz. Die indische Form der *barahmasa*, »Zwölfmonatsgedicht« drückt die Gefühle des sehnsüchtigen Weibes im Laufe des Jahres aus. Auch in den Sagen und Legenden des Industales und des Fünfstromlandes finden sich diese Gedanken. In der Sindhi- und Pandschabi-Literatur ist immer die Frau die Heldin; sie ist es, die den Geliebten sucht und nach langem Leiden im Tode mit ihm vereint wird; auch unter den widrigsten Umständen bleibt sie ihm, dem urewigen Freunde, treu: tapfere Frauen, die leicht zu Seelensymbolen umgedeutet werden konnten. Ob man an Sassi denkt, die, ihre Nachlässigkeit bereuend, durch die glühendheißen Wüsten wandert und am Ende des Weges ganz in Liebe verwandelt ist, oder an Marui, die, vom mächtigen Fürsten entführt, im reich geschmückten Schloß nur der Heimat denkt, nach der sie sich sehnt, wie die Rohrflöte sich nach dem Röhricht sehnt, aus dem man sie einst abgeschnitten hat – menschliche Erfahrung und mystische Theorien sind in diesen Seelen-Frauen der indo-pakistanischen Sagen verkörpert. In der religiösen Literatur der Ismailis, den *ginans*, wird dieselbe Vorstellung deutlich. Es kommt auch oft vor, daß im Laufe der Zeit der ersehnte Geliebte nicht mehr der unerreichbare Gott ist – Liebesgedichte, ja Brautlieder können auch dem geliebten Propheten Muhammad gewidmet sein oder richten sich, in der Ismaili-Literatur, an den Hazir Imam, den geistigen Führer der Gemeinschaft.

In allen diesen Dichtungen ist das Muster das gleiche: die Seele, als Frau dargestellt, durchwandert den schmalen, schwierigen Pfad, der zum Geliebten führt, und die Dichter legen sich eine weibliche Identität zu, rufen die »Gefährtinnen«, sehen die »Freundinnen« im Hofe spinnen. Ja, fromme Derwische kleideten sich manchmal als Frauen und traten so auch äußerlich als »Gottes Magd« auf.

Denn die Mystiker kannten das außerkoranische Gotteswort: »Meine Heiligen sind unter meinen Domen«, und auf die Abschließung der Frauen anspielend, denen nur der ganz Vertraute nahen darf, nahmen sie den Bayezid Bistami (gest. 874) zugeschriebenen Ausspruch auf: »Die Heiligen sind Gottes Bräute.«

Der Prophet und die Frauen

*»Mir wurden lieb gemacht von eurer Welt
die Frauen und der Duft,
und mein Augentrost ist im Gebet.«*

Dieser Ausspruch des Propheten Muhammad ist oftmals zitiert worden – wie könnte es da möglich sein, daß der Islam als frauenfeindliche Religion gilt? Und doch hat eine unvorhergesehene Entwicklung dazu geführt, daß die Frau unter wachsenden legalistischen und asketischen Strömungen in eine Stellung verwiesen wurde, die weit von dem entfernt ist, was man aus der Zeit des Propheten und seiner Nachfolger weiß.

So kann die Rolle Khadidschas, der ersten Frau des Propheten, gar nicht hoch genug geschätzt werden; die verwitwete Kauffrau, Mutter mehrerer Kinder, die ihrem bedeutend jüngeren Mitarbeiter Muhammad die Ehe antrug und ihm Kinder schenkte, war es, die ihn nach den ersten Visionen und Auditionen tröstete und stärkte und ihn davon überzeugte, daß die Erscheinungen, die er in der Höhle Hira bei seinen Andachtsübungen erfahren hatte, nicht dämonischen, sondern göttlichen Ursprungs waren. Mit Recht trägt Khadidscha den Ehrentitel »Mutter der Gläubigen« und »Beste der Frauen«, *khair un-nisa* (letzteres immer ein beliebter Frauenname), und moderne Muslime – und noch mehr Musliminnen! – betonen immer wieder ihre entscheidende Rolle in der Frühgeschichte des Islam. Muhammad liebte sie innig, und erst als sie 619 nach mehr als fünfundzwanzigjähriger Ehe starb, heiratete er im Laufe der Jahre eine Anzahl anderer Frauen, darunter die blutjunge ᶜA'ischa, Tochter seines treuen Freundes Abu Bakr. Die anderen waren Witwen oder geschiedene Frauen, oder auch frühere Sklavinnen. Für die Modernisten in Indien im 19. und 20. Jahrhundert wurde dies zum wichtigen Argument der Wiederverheiratung von Witwen, die von den indischen Muslimen unter dem Einfluß hinduistischer Sitten weitgehend vermieden wurde. Wie konnten sie dem Beispiel des Propheten so zuwiderhandeln?

Auch den späteren Frauen des Propheten wurde dann der Titel »Mutter der Gläubigen« beigelegt. Ihnen wurde im Koran (Sura 24:30f.) geboten, »ihre Reize zu verhüllen«, eine Anordnung, die wahrscheinlich bezweckte, sie, als ehrenwerte Damen, von den leicht bekleideten Frauen der unteren Schichten zu unterscheiden; es war also eine Ehre, sich züchtig zu verhüllen, nicht ein Zeichen der engen Beschränkung. Erst im Laufe der Jahre wurde die Abschließung infolge sozialer Wandlungen strenger; am rigorosesten wurde sie in der Regel bei den *sayyid*-Damen durchgeführt, d.h. denjenigen, die sich der Abstammung vom Propheten und seiner Tochter Fatima rühmten und die ohnehin, zumindest im indo-islamischen Raum, zahlreichen Tabus unterworfen sind.

Doch in der Frühzeit waren die Frauen durchaus aktiv: ᶜA'ischa diskutierte nicht nur mit den Gefährten des Propheten Probleme der Tradition, so daß wir ihr eine große Anzahl von Berichten über sein Privatleben verdanken – im Jahre 656 ritt sie sogar selbst zur Schlacht aus, um ᶜAli ibn Abi Talib und seine Partisanen zu bekämpfen. Die sunnitische Tradition ist stolz auf ᶜA'ischas Aktivitäten, und gern wird die zärtliche Anrede Muhammads an die junge Frau zitiert: *Kallimini ya humaira* – »Sprich zu mir, du kleine Rötliche« (M I 1972, vgl. M VII S. 134), denn das junge Wesen war imstande, ihn manchesmal aufzuheitern. Für die Mystiker freilich wird das

24

freundliche Wort des Propheten ausgelegt als Anrede des Liebenden an den Göttlichen Geist, mit dem er wie mit einem – oder einer – Geliebten sprechen möchte.

In der schiitischen Tradition jedoch wird ᶜA'ischa gehaßt, war sie doch die Gegnerin ᶜAlis, des Vetters und Schwiegersohnes des Propheten, der von den Schiiten als erster Imam, wahrhafter Führer der Gläubigen, verehrt wird. Er wäre der rechtmäßige Nachfolger Muhammads nach dessen Tode gewesen, behaupten die Schiiten, während ᶜA'ischas Vater Abu Bakr (reg. 632-634) das Kalifat nur usurpiert hätte. Dazu kam eine Verstimmung zwischen ᶜA'ischa und ᶜAli, der sich negativ über sie ausgesprochen hatte, als sie bei einer Reise ihr Halsband verloren hatte und von einem jungen Mann zur Karawane zurückgeführt wurde; die Zweifel an ihrer Ehre wurden freilich bald durch eine Offenbarung behoben (Sura 24:11). ᶜA'ischas Haltung zu ᶜAli, den sie bei der schon genannten Kamelschlacht 656 bekämpfte, steigerte die negativen Gefühle der Schiiten gegen sie, und ihr Name, so häufig in sunnitischen Kreisen als Frauenname, wird bei den Schiiten niemals verwendet. In der Literatur der ultra-schiitischen Nusairier wird ᶜA'ischa sogar mit der rötlichen Färse verglichen, deren Opferung in Sura 2:67-72 dem Moses geboten worden war…

Der Prophet hatte vier Töchter, und Töchter zu haben, galt nun nicht mehr als solch ein Mangel wie im vorislamischen Arabien, wo man für überflüssig gehaltene Mädchen lebendig verscharrte, eine Unsitte, die in Sura 81:8 angeprangert wird. Die neue Schätzung von Töchtern zeigt sich darin, daß man sich als *kunya*, »Ehrennamen«, nicht mehr nur Abu Talha, »Vater des Talha« oder ähnlich nannte, sondern auch Abu Laila, Abu Raihana »Vater der Laila«, »Vater der Raihana« usw., weil man, wie eine Überlieferung sagt, sich der Töchter nicht schämte. Es gibt sogar eine Überlieferung, die dem Vater von

Töchtern gratuliert, aber der Grund ist, zumindest für den modernen Leser, überraschend: eine Tochter kann ja ihrerseits sieben Söhne zur Welt bringen…

Drei der vier Töchter Muhammads starben vor ihm; es sind Zainab, Ruqaia und Umm Kulthum. Die beiden letztgenannten waren zunächst mit Söhnen Abu Lahabs verheiratet, doch als dieser zum erbittertsten Gegner des Propheten wurde (der sogar im Koran, Sura 111, verflucht wird), trennten sie sich von ihren Männern, und ᶜOthman ibn ᶜAffan, der später der dritte Kalif (Nachfolger Muhammads 644-656) werden sollte, heiratete sie, und zwar die eine nach dem frühen Tod der anderen, da gleichzeitige Ehe mit Schwestern nicht erlaubt ist; daher trägt er den Beinamen *dhu' n-nurain*, »der Besitzer der beiden Lichter« – weshalb bis heute vor allem in der Türkei die Namenskombination *Osman Nuri* verwendet wird.

Die jüngste der Prophetentöchter, Fatima, überlebte ihren Vater um wenige Monate. Sie war mit dem Vetter Muhammads, ᶜAli ibn Abi Talib, verheiratet, dem sie zwei Söhne gebar, innig geliebte Enkel des Propheten, der gern mit ihnen spielte, wie zärtliche Legenden und populäre Verse erzählen. Hasan, der ältere, starb um 669, wahrscheinlich durch Gift, während der jüngere, Husain, 680 im Kampf gegen den omayyadischen Kalifen Yazid in der Schlacht von Kerbela fiel. Die Omayyaden hatten das Kalifat 661 nach der Ermordung ᶜAlis an sich gerissen, und Husain versuchte nach dem Amtsantritt des zweiten omayyadischen Herrschers Yazid nochmals die Macht für das Haus des Propheten zu gewinnen. Die Tragödie von Kerbela im Irak, die am 10. Muharram (dem ersten Mondmonat) 680 stattfand, hat die schiitische Frömmigkeit zutiefst geprägt, und wenn die Prophetenenkel in der Poesie der islamischen Völker als die strahlenden Helden, als Erzmärtyrer gefeiert werden, so erhielt Fatima eine Stellung, die man geradezu als die einer *mater dolorosa* bezeichnen kann. Sie, die beim Tode ihres zweiten Sohnes schon fast ein halbes Jahrhundert tot war, steht den Schiiten höher als alle Menschen, ausgenommen Muhammad und ᶜAli, und die ihr beigelegten Namen wie *Zahra*, »die Strahlende«, *Batul*, »Jungfrau«, *Kaniz*, »Maid«, *Maᶜsuma*, »vor Sünden Geschützte« und manche mehr werden in der schiitischen Bevölkerung ständig verwendet; mehr noch: sie ist nicht nur die Fürbitterin für alle, die um ihren Sohn Husain weinen, sondern auch, in mystischer Spekulation, die *umm abiha*, »Mutter ihres Vaters«.

Geschichte um Geschichte wurde über sie erzählt; besonders die Armut, in der sie lebte, erregte die Fantasie der Frommen – sie, die doch die eigentliche »Herrin der Menschen« war. In einer Literaturgattung, »Aussteuerbuch Fatimas« *(dschihazna-ma-i Fatima)* benannt, werden die armseligen Kleinigkeiten aufgezählt, die ihr Vater ihr als Aussteuer mitgeben konnte, und ihre Großmut gegenüber den Armen (selbst wenn die eigene Familie hungerte), der Mangel an Kleidung für ihre Söhne – all dies wird auf immer neue Weise gesagt und ausgeschmückt, so daß sie als Musterbild für ein muslimisches Mädchen verwendet wird. Ja, im Mittelalter gab es eine Sekte, die alles Vermögen den Töchtern zum Erbe gab – wegen Fatima. Ihre Verehrung ist auch in der sunnitischen Welt groß, und ob man die Huldigung an Fatima in dem 1917 erschienenen persischen Epos *»Rumuz-i be-khudi«*, »Mysterien der Selbstlosigkeit« Muhammad Iqbals (1877-1938) liest, an dessen sunnitischer Haltung kein Zweifel besteht, oder ᶜAli Schariatis ›Fatima ist Fatima‹, das zur Zeit der islamischen Revolution in Iran erschien – überall wird diese edelste und tugendreichste muslimische Frau in bewegenden Worten besungen. Man muß auch daran denken, daß sich nur derjenige als *sayyid* bezeichnen kann, der von ihren beiden Söhnen abstammt, nicht aber Nachkommen anderer Kinder ᶜAlis.

Wohl die meisten würden dem Vers Sana'is (gest. 1131 in Ghazna, jetzt Afghanistan) zustimmen, der singt:

Die Welt ist ganz voll von Frauen
doch wo ist eine Frau wie Fatima,
die beste der Frauen?

denn der Ehrenname »Beste der Frauen«, *khair un-nisa*, wurde später nicht nur Khadidscha, sondern auch ihrer Jüngsten beigelegt.

In den Kreisen der Mystiker gab es auch solche, die den männlichen Namen *Fatir* als »göttlichen Namen« für Fatima ansahen.

Die Quellen berichten von zahlreichen Frauen in der Umgebung des Propheten; einige von ihnen wanderten in der Frühzeit des Islam mit ihren Familien nach Abessinien aus, andere, wie Umm ᶜAtiya, begleiteten Muhammad und sein Heer in mehreren Schlachten und versorgten die Verwundeten, und es war selbstverständlich, daß sie am Gottesdienst teilnahmen, denn das Hadith sagt: »Hindert nicht die Dienerinnen Gottes daran, die Orte zu betreten, in denen Er angebetet wird« – eine Überlieferung, der sich auch der zweite Kalif Omar ibn al-Khattab (reg. 634-644) (nicht gerade gern) fügen mußte. Dabei hätte dieser für seine Strenge und Gerechtigkeit bekannte Herrscher sich eigentlich den Frauen gegenüber geneigter zeigen sollen: seine Schwester hatte sich schon zum Islam bekehrt, während er ein scheinbar unversöhnlicher Gegner des Propheten war. Aber als er sie töten wollte, während sie aus den koranischen Offenbarungen rezitierte, wurde er von den Worten so bewegt, daß er sogleich den Islam annahm und in der Folge zum eifrigsten Kämpfer für den Glauben wurde – eine Geschichte, die auch von Rumi in seiner Prosaschrift »Fihi ma fihi«, ausführlich erzählt wird.

Nachfahrinnen Muhammads sind oft für ihre Frömmigkeit berühmt gewesen. Unter ihnen ragt Sayyida Nafisa hervor, eine Urenkelin des Propheten, die mit dem Sohn des sechsten Imams Dscha^cfar as-Sadiq (gest. 765) verheiratet war und mit ihrer Kusine Sakina nach Kairo kam, wo sie bald durch ihre asketische Frömmigkeit bekannt wurde. Selbst Imam Schafi^ci, der Gründer einer der vier orthodoxen Rechtsschulen, soll mit ihr zusammen das Gebet verrichtet haben, wie der Historiker Ibn Khallikan in seinem biographischen Werk berichtet. Natürlich wurde auch sie von Wundern umgeben; so soll das Wasser, das sie für ihre rituelle Reinigung verwendet hatte, eine gelähmte Jüdin geheilt haben. Als sie 208/824 starb, wurde ein Mausoleum für sie errichtet, das bis in unsere Zeit ein vielbesuchter Wallfahrtsplatz geblieben ist, und im Mittelalter, vor allem in der Mamlukenzeit, wurde ihr Geburtstagsfest von den Sultanen in großem Stil in der Zitadelle von Kairo gefeiert.

Der anfangs erwähnte Ausspruch des Propheten sowie seine zahlreichen Ehen haben seit alters das Mißfallen der christlichen Theologen – und nicht nur Theologen! – erweckt. Wie konnte ein Mann, der behauptete, Prophet zu sein, sich so dem Sinnlichen zuwenden? Das war dem christlichen Keuschheitsideal, dem damals schon in der Kirche fest verwurzelten Zölibat einfach zuwider. Der Muslim aber wird hier keinerlei Mangel sehen, eher eine Freude an der Sinnenwelt, die ja von Gottes Schöpfung Kunde gibt.

Eine indo-muslimische Auslegung des genannten Prophetenwortes, die von dem großen Delhier Heiligen Nizamuddin Auliya stammt, meint, daß mit »Frauen« ganz speziell ^cA'ischa gemeint sei, während der »Augentrost« Fatima sei, die sich gerade beim Gebet befand (»und mein Augentrost, i.e. Fatima, ist im Gebet«). Das scheint ziemlich weit hergeholt, und man wird eher Ibn ^cArabis Interpretation vorziehen, daß der Prophet

Frauen nicht aus naturhaften Gründen geliebt habe, nein »er liebte sie, weil Gott sie ihm liebenswert gemacht hatte«. Wichtig aber ist die Beziehung zum Duft, der so häufig mit dem Weiblichen einerseits, mit der Heiligkeit andererseits verbunden wird; er wird (als einziger im Arabischen maskuliner Begriff) zwischen den beiden femininen Substantiven, Frauen und Gebet, verwendet – eine Ausdrucksform, die genügte, um die Sufis immer wieder über diese geheimnisvolle Verbindung nachdenken zu lassen.

Frauen im Sufismus

Mochte sich die Stellung der Frau seit den Tagen des Propheten auch in vieler Hinsicht verschlechtern – im Sufismus spielte sie eine ganz wichtige Rolle. Der Sufismus, die islamische Mystik, begann sich rund hundert Jahre nach dem Tode des Propheten im frühen 8. Jahrhundert zu entwickeln. Es war zunächst eine rein asketische Bewegung, die der zunehmenden Weltlichkeit der Muslime entgegenzuwirken und sie an ihre religiösen Pflichten zu erinnern strebte. Denn das islamische Imperium dehnte sich immer weiter aus: im Jahre 711 hatten die Muslime die Meerenge von Gibraltar überschritten (das noch den Namen seines Bezwingers trägt: *dschebel Tariq*, »der Berg des Tariq«), im gleichen Jahr erreichten sie Sind, das untere Indus-Tal (heute der südliche Teil Pakistans) und überschritten auch den Oxus, nach Zentralasien vorstoßend.

Die Asketen aber suchten das Reich der Seele und des Herzens zu erobern. Eine entscheidende Rolle fiel dabei einer Frau zu. Der Name der Rabiᶜa al-Adawiyya oder Rabiᶜa von Basra (nach ihrer Heimatstadt) steht am Anfang der eigentlichen Mystik im Islam; sie war es, der die Verwandlung düsteren Asketentums in echte Liebesmystik zugeschrieben wird. Jedermann kennt die Geschichte, wie die fromme Asketin durch Basra lief, einen Eimer Wasser in der einen, eine brennende Fackel in der anderen Hand, und als sie nach dem Sinn ihres Vorhabens gefragt wurde, antwortete sie:

Ich will Wasser in die Hölle gießen und Feuer ans Paradies legen, damit diese beiden Schleier verschwinden und die Menschen Gott nicht aus Furcht vor der Hölle oder aus Hoffnung aufs Paradies anbeten, sondern allein um Seiner urewigen Schönheit willen.

Diese oft wiederholte Legende hat ihren Weg auch in die christliche Welt gefunden. Sie wurde durch Joinville, den Vertreter Ludwigs IX., ins Abendland gebracht und wurde von dem Quietisten Camus in seinem 1640 erschienenen Buch *»Carité ou la Vraie Charitée«* wiedererzählt; die Illustration zu seinem Werk zeigt eine orientalisch gekleidete Frau mit Fackel und Eimer, über deren Haupt eine Sonne mit der hebräischen Inschrift YHWH strahlt, so den morgenländischen (nicht aber den islamischen) Ursprung der Geschichte andeutend. Danach taucht sie auch in den verschiedensten Varianten in der europäischen Literatur auf.

Es gibt zahllose Anekdoten, die sich um Rabi^ca, die freigelassene Sklavin aus Basra, ranken. Basra war nämlich in der Frühzeit die Heimat vieler Asketen; der gelehrte und fromme Prediger Hasan al-Basri (gest. 728) wird in Legenden oft mit Rabi^ca verbunden. Die großen Hagiographen der islamischen Welt haben ihr lange Abschnitte gewidmet; sie war in menschlicher Vollkommenheit »deutlich vielen Männern überlegen, weshalb sie auch ›Krone der Männer‹ genannt wurde« wie Muhammad Zihni in seinem Werk über berühmte Frauen (›maschahir an-nisa‹) schreibt. Und bis heute kann eine fromme oder anderweits ausgezeichnete Frau als »zweite Rabi^ca« bezeichnet werden.

Ungezählte Wunder werden ihr zugeschrieben: ihre Fingerspitzen leuchteten nachts wie Lampen, und die Kaaba kam ihr entgegen, als sie die Pilgerfahrt unternahm (was einen anderen Sufi verständlicherweise ärgerte). Sie lehnte alle irdischen Bindungen, wie Ehe, ab und schwebte auf ihrem Gebetsteppich durch die Luft. An einem schönen Frühlingstag blieb sie in ihrem Kämmerlein und, von der Dienerin gemahnt, doch Gottes herrliche Schöpfung in den Gärten zu bewundern, meinte sie, die Schönheit Gottes sei im Innern, während die äußere Schönheit nur eine Widerspiegelung der inneren Schönheit sei – eine Geschichte, die Rumi auf einen ungenannten Asketen übertrug und im ›Mathnawi‹ (M IV 1518f) verwendete. Und wenn ^cAttar in seinem »Ilahinama'« (XXII) vom Lichte Gottes spricht, schreibt er:

Wenn es eine Weile auf ein altes Weib schiene, würde es sie zu einer der Großen, wie Rabi^ca, machen...

^cAttar berichtet im gleichen Epos (XV) aber auch von ihrer Armut und von ihren Heimsuchungen:

Man sagt, daß Rabi^ca, die Heilige,
für eine Woche nichts zu essen fand.
In dieser Woche setzte sie sich niemals,
ihr ganzes Werk war Fasten und Gebet.
Als dann der Hunger ihre Füße schwächte
und alle Glieder fast zerbrechen ließ,
kam zu ihr eine fromme Nachbarsfrau
und brachte eine Schüssel Speise mit.
Nun ging sie hin in ihrem Schmerz und Kummer,
um eine Lampe in den Raum zu holen.
Sie kam zurück – da hatte eine Katze
die Schüssel auf den Boden hingeworfen.
Da ging sie wieder, einen Krug zu holen,
um mit dem Trank ihr Fasten nun zu brechen.
Diesmal fiel ihr der Krug gleich aus der Hand –
so blieb sie durstig; denn der Krug zerbrach.

Da stieß ein Ach sie aus, so herzverbrennend,
als ob's die ganze Welt verbrennen könnte,
und hundertfach verwirrt rief sie: »Mein Gott,
was willst du noch von diesem armen Weib?
Du hast mich in Verwirrung tief gestürzt,
wie lange noch läßt du im Blut mich wälzen?«
Da kam die Antwort: »Wenn dir das gefällt,
schenk Ich sofort dir diese ganze Welt.
Den Gram jedoch, den du so lange Zeit
getragen hast, entfern' Ich von dir weit:
Weltliebe und für Mich der Sehnsuchtsschmerz:
die passen nicht zusammen in ein Herz.
Willst liebend Meinen Kummer du umfassen,
so mußt du ständig diese Welt verlassen.
Hast du das eine, ist das andre fern.
Nicht ist umsonst der Liebesgram des Herrn.«

Es war eben diese ihre Betonung des Liebesgrames, des Schmerzes, von dem der indische Tschischti-Heilige Qutbaddin Bakhtiyar Kaki 1235 erzählt: »Wenn Heimsuchung sie überkam, war sie froh und sprach: »Heut' hat der Freund meiner gedacht!« und wenn an einem Tag keine Heimsuchung über sie kam, weinte sie und sagte: »Was habe ich falsch gemacht, daß Er nicht an mich denkt?«

Doch war Rabi͑a nicht die einzige fromme Asketin, die sich ganz der Gottesliebe widmete. Schon eine Verwandte des Propheten, Umm Haram, soll in liebender Begeisterung am ersten muslimischen Feldzug gegen Zypern teilgenommen haben und dort als »Märtyrerin« im Glaubenskampf gefallen sein (27h/649).

Fast jedes Handbuch der Sufik enthält eine mehr oder minder detaillierte Liste von Namen früher Asketinnen, die ihre Tage mit Weinen und Fasten, ihre Nächte im Gebet zubrachten.

Eine ganze Reihe wichtiger Gestalten aus der Frühzeit hat Margaret Smith in ihrem klassischen Wer »*Rabiᶜa the Mystic and Her Fellow Saints in Islam*« dargestellt.
Wir finden unter ihnen die Gefährtin Rabiᶜas, Maryam al-Basriyya, die in Verzückung starb. Ihr hat die zeitgenössische türkische Dichterin Lale Müldür ein zartes Gedicht gewidmet:

Maryam von Basra
war eine Dienerin der Rabiᶜa.
Kaum hatte sie Wissen von göttlicher Liebe
erfahren, sank sie ohnmächtig hin.
Bei einer dhikr-Versammlung
starb sie plötzlich aus Liebe.
Dienerinnen hat Gott, die gleichen dem Regen:
Fallen zur Erde sie, werden sie Korn,
fallen ins Meer sie, werden sie Perlen.

Wir wissen von Bahriyya al-Mausuliyya, die sich blind weinte: denn äußere Blindheit läßt den Menschen den göttlichen Geliebten besser sehen, da dann, wie es später heißt, das Auge kein Schleier mehr zwischen Schauendem und Geschautem ist. Raihana al-waliha lebte in ständiger Ekstase; andere wurden sogar ins Irrenhaus gesteckt, da ihre Liebe zu überströmend wurde und sie die Gebote äußerer Dezenz vernachlässigen ließ. Daneben gab es viele unbekannte »Gottesanbeterinnen«, fromme, namenlos gebliebene Frauen, die immer wieder in der Literatur auftauchen. Manche von ihnen sangen kleine Liedchen, wie es auch Rabiᶜa getan hatte – keine Kunstwerke, aber erste Beispiele einer mystischen Liebeslyrik, wie sie in späteren Jahrhunderten geradezu zum Kennzeichen liebender Sufis werden sollte:

Ein Liebster, dem kein andrer Liebster gleicht:
Er nur alleine hat mein Herz erreicht.
Abwesend wohl von meinem Blick und Leib,
Doch niemals Er aus meinem Herzen weicht.

So sang Rabiᶜa asch-Schamiya, die Syrerin. Ein anderes Beispiel, das Dschami zitiert, ist:

Wer Gott liebt, der ist krank in dieser Welt –
Lang währt sein Leid; sein Schmerz ist Medizin.
Und wer den Großen Schöpfer wirklich liebt,
irrt durch die Welt, Sein denkend – und sieht Ihn!

Die Verfasserin dieses Versleins hätte wohl einer sonst kaum bekannten Amat al-Dschalil zugestimmt, die sagte:

Es gibt keinen Augenblick, da ein Heiliger mit irgend etwas anderem als mit Gott beschäftigt ist. Wer einem Heiligen eine andere Beschäftigung zuschreibt, der lügt.

Eine interessante Gestalt unter den frühen Asketen war Schaᶜwana, berühmt durch ihr vieles Weinen. Sogar der große Asket Fudail ibn ᶜIyad (gest. 803) soll sie gebeten haben, für ihn zu beten. Auch Amina ar- Ramliyya wurde von dem frommen Sufi Bischr al-Hafi, dem »Barfüßer« (gest. 841) und dem großen Traditionarier Ahmad ibn Hanbal (gest. 855) um ihre Fürbitte angegangen, und sie erfuhren dadurch, daß sie vor der Hölle gerettet waren.

Von Schaᶜwana berichtet Ghazzali, sie sei einer Freundin nach ihrem Tode im Traum erschienen, hochgeehrt von den Paradiesbewohnern, und habe der Träumenden den Rat gegeben:

Laß dein Herz immer traurig sein und laß die Liebe zu Gott deinen Lüsten vorangehen. Dann schadet dir nichts, bis du stirbst.

Das Denken an den Tod und das Jenseits ist charakteristisch für die frühen Asketinnen: Mu^{c}adha, der Tradition nach Basra zugehörig, enthielt sich des Schlafes so weit wie irgendmöglich, da der Gedanke an den langen Grabesschlaf sie ständig bewegte.

Solche frommen Frauen konnten einen hohen Rang erreichen. Von einer Schülerin des Bagdader Sufis Sari as-Saqati (gest. um 867) heißt es, er habe ihr die Nachricht überbracht, daß ihr Sohn ertrunken sei. Doch sie glaubte ihrem Meister nicht, und in der Tat fand man den Jungen lebendig wieder. Sie hatte nämlich keine Kunde von dem Tode ihres Kindes aus dem Unsichtbaren erhalten, und »wenn jemand Gott gehorcht, erhält er Kenntnis von allem, was ihn betrifft«.

Diese kleine Geschichte zeigt, daß Sufifrauen durchaus nicht alle, dem Beispiel Rabi^{c}as folgend, ehelos blieben. Die herausragende Gestalt unter den verheirateten Sufifrauen ist Fatima von Nischapur (gest. 849), ein halbes Jahrhundert jünger als Rabi^{c}a. Sie war mit einem bekannten Asketen, Ahmad Khidruya (gest. 854) verheiratet, und soll ihn oftmals auf dem mystischen Pfade geleitet haben. Die Legende berichtet, sie habe mit den großen mystischen Führern ihrer Zeit in Verbindung gestanden; so soll sie mit dem ägyptischen Meister Dhu' n-Nun (gest. 859) korrespondiert haben. Als er eine Gabe, die sie ihm schickte, zurückwies, weil sie von einem Weibe stammte, tadelte sie ihn – wie konnte er auf die sekundäre Ursache und nicht auf den eigentlichen Geber, Gott, blicken? Es heißt aber auch, Dhu' n-Nun habe sie wegen ihres Verständnisses für den tieferen Sinn des Korans bewundert (ohnehin erscheint in Dhu' n-Nuns Lehr-Erzählungen oft eine unbekannte Frau oder ein von Gottesliebe erfülltes Mädchen, von denen er lernt, den Lobpreis Gottes überall in der Natur zu vernehmen). Auch mit Bayezid Bistami (gest. 874) soll die kluge Fatima disputiert haben, wobei sie sich nicht verschleierte; doch als er einmal ihr Schönheitsmal oder, nach anderer Überlieferung, ihre hennagefärbten Hände bemerkte, brach sie die Beziehung ab, da nun eine rein geistige Verbindung nicht mehr möglich war. Wie weit diese Geschichte authentisch ist, kann man schwer sagen, denn das Motiv der geistigen Freundschaft, die durch einen »weltlichen« Blick auf den Gefährten oder die Gefährtin gestört wird, ist kein seltenes Thema in der Hagiographie.

In diesem Zusammenhang ist auch Rabiᶜa bint Ismail, die Frau des Sufis Ahmad ibn Abi 'l-Hawari (gest. 851) bemerkenswert. Als Witwe wollte sie ihr ererbtes und ihr selbst erworbenes Geld nützlich anwenden und trug deshalb ihre Hand dem genannten Sufi an, mit dem sie eine Josephsehe führte. Sie verbrachte ihre Zeit in Gebet und Fasten, sorgte aber für Ahmad und seine anderen Frauen. Denn, wie sie ihm erklärte: »Ich liebe dich nicht wie einen Gatten, sondern wie einen Bruder.« Von der Gattin Rabah al-Qaisis aber wird berichtet, sie habe nach der Verrichtung des Nachtgebets schöne Kleider angelegt und dann ihren Mann gefragt, ob er sie begehre; wenn das nicht der Fall war, so habe sie sich bis zum Morgen weiterhin der Andacht gewidmet.

Es konnte sogar vorkommen, daß einem Frommen seine zukünftige »Braut im Paradies« gezeigt wurde; so erfuhr ᶜAbdul Wahid ibn Zaid (gest. 794), wo sich dieses Mädchen aufhielt, und erblickte dann eine Hirtin, unter deren Obhut die Schafe und Wölfe friedlich miteinander weideten: sie war für ihn bestimmt, da sie – so können wir interpretieren – durch ihre musterhafte Frömmigkeit schon auf Erden den eschatologischen Frieden unter den Tieren verwirklicht hatte. (Übrigens habe ich selbst erlebt, wie ein frommer türkischer Gelehrter eine ihn besuchende ältere Dame spontan zu seiner Paradiesesbraut erklärte…)

Ganz besonders interessant ist die Frau des großen »Theosophen« al-Hakim al-Tirmidhi (gest. 936), mit der er, wie er in seiner Autobiographie berichtet, Traumerfahrungen austauschte; denn sie konnte ihn zum rechten Verständnis dieser Träume und Visionen leiten. Und ein Engel erklärte ihr, sie und ihr Mann hätten die gleiche geistige Station erreicht.

Ein häufiges Thema in der klassischen arabischen Literatur, das sich auch in die spätere persische Überlieferung fortsetzt, sind Geschichten über Sängerinnen, die durch ihr Lied mystische Liebe erregten. Der Grammatiker al-Asmaᶜi tadelte ein Mädchen, das an der Kaaba von Liebe sang, wurde aber von ihr über die wahre Gottesliebe belehrt; und manchmal wurde eine Gesangssklavin (das war die teuerste Gruppe von Sklavinnen) freigelassen, weil sie den Koran so herzbewegend schön rezitierte. Über eine Sängerin, die sich unter dem Einfluß Abu Hafs Omar as-Suhrawardis (gest. 1234) bekehrt hatte, wird erzählt, daß sie bei der Rückkehr von der Pilgerfahrt vor dem Gouverneur von Hamadan so wundervoll sang, daß der Gouverneur und alle Anwesenden ihre Sünden bereuten und sich zum wahren Glauben bekehrten, d.h. den Islam wieder ganz ernst nahmen. Aus Rumis Biographie ist ebenfalls bekannt, daß sich »leichte Mädchen« durch seinen Einfluß zum mystischen Islam bekehrten.

Es scheint, daß in der Frühzeit Frauen nicht nur Jüngerinnen von großen Sufimeistern waren, sondern auch an den Zusammenkünften mit Koranrezitation und *dhikr*, »Gottgedenken«, teilnahmen. Von Fatima, der Tochter des Sufis al-Kattani, (gest. 934) wird erzählt, daß sie bei einer Predigt des ekstatischen Sumnun, bekannt als »der Liebende« (gest. um 900) in Verzükkung gestorben sei, und mit ihr drei Männer. Das läßt darauf schließen, daß die Teilnahme von Frauen an solchen Versammlungen durchaus normal war. Später freilich wurde lange überlegt, auf welche legal korrekte Weise ein Meister eine Frau in die Ordensgemeinschaft einweihen konnte; da er nach strenger

Gesetzauslegung die Haut einer nicht verwandten Frau nicht berühren durfte (oder, nach einigen Schulen, danach eine Ritualwaschung vornehmen muß, ehe er wieder im Zustand ritueller Reinheit ist), versuchte man zum Beispiel die Hände der Teilnehmer in ein Wasserbecken zu tauchen und so zu verbinden, oder die Frau faßte den Ärmel, ein Tuch oder einen vom Meister gereichten Stock, wenn sie den Treueid ablegte. In der Frühzeit scheint man auf diesem Gebiet, wie auch auf vielen anderen, etwas weitherziger gewesen zu sein, und man liest von Mystikern, die mit ihren Jüngerinnen sogar in der Öffentlichkeit auftraten. So soll der exzentrische Schibli (gest. 945) zusammen mit einer Jüngerin den am Kreuz hängenden Mystiker Halladsch besucht und ihm die Frage gestellt haben: »Was ist Sufismus?« Obgleich diese von ʿAttar berichtete Geschichte wohl unhistorisch ist, zeigt sie doch, daß Sufi-Frauen durchaus auch eine öffentliche Rolle spielten. Halladschs eigene Schwester erschien nach seiner Hinrichtung, tadelte ihn postum wegen seiner allzu kühnen Aussprüche und warf dann seine Asche in den Tigris, wie er es gewünscht hatte. Des Nachts aber erschien ihr Bruder ihr im Traum und erklärte ihr sein »unorthodoxes« Verhalten. (Eine Untersuchung der Rolle der Schwester in der Geistesgeschichte des Islam würde manche interessante Details enthüllen; wie im vorislamischen Arabien die Schwester die Totenklage auf ihren Bruder zu singen hatte, so findet man auch in der Sufi-Geschichte Schwestern oft in wichtigen Stellungen – das Beispiel von Prinzessin Dschahanara, der Schwester des 1659 als Ketzer hingerichteten Kronprinzen des Mogulhauses, Dara Schikoh, ist ein gutes Beispiel hierfür.)

Die Tradition der frommen Sufifrauen dauerte in den folgenden Jahrhunderten an, nicht nur im Mittleren Osten, sondern auch im indischen Subkontinent, wo wir von Jüngerinnen Faridaddin Schakargandschs wissen.

Von ^cUyaina, der Großmutter des Sufis Abu 'l- Khair at-Tinani al-Aqta^c bemerkt ^cAinul Qudat in seiner Apologie, sie habe 500 Studenten, Männer und Frauen gehabt, und in der Biographie des großen hanbalitischen Sufis ^cAbdullah-i Ansari von Herat (gest. 1089) erscheint seine Verwandte, Bibi Nazanin, die ihm geraten haben soll, sich mit dem weisen, wenn auch ungelehrten Sufi Kharaqani in Verbindung zu setzen, der für seine spätere Entwicklung entscheidend werden sollte.

Auch sonst dürfte es in Herat zu jener Zeit fromme und gelehrte Frauen gegeben haben, die sich vor allem bei Überlieferung von Traditionen des Propheten auszeichneten, wie die 1084 in dieser Stadt verstorbene Umm Fadl al-Harmathiya, und wenn Serge de Laugier de Beaureceuil von einem »weiblichen Milhieu« spricht, das sich für die Prophetenüberlieferung, die hanbalitische Rechtsschule und zweifellos auch den Sufismus in der Linie ^cAbdullah-i Ansaris interessierte, so stimmt das mit Louis Massignons Bemerkungen über die hanbalitischen Frauen im Umkreis des Märtyrermystikers Halladsch überein, die noch lange die Traditionen über Halladsch weiterführten (wie das eine gewisse Zainab al-Kamaliyya tat).

Unter den herausragenden Frauen bei den Traditionariern ist besonders Karima von Merw zu nennen (gest. 463/1070) eine Asketin und Zölibatärin, die, wie Massignon meint, mit der »weiblichen *futuwwa*« zusammenhängt, wie sie von Khadidscha al-Dschahniyya (gest. 461/1067) gegründet worden sein soll, offenbar als eine Parallelinstitution zu den männlichen *futuwwa*-Bünden, das sind Sodalitäten, die die Ideale des echten Mannestums und des ehrenhaften Lebens mit vertieftem Gottesdienst vertraten. Wie immer dem sei – Karima erscheint in einer ganzen Reihe wichtiger Traditionsketten des Abu Nadschib as-Suhrawardi (gest. 1165) und infolgedessen auch in dem Werk seines Neffen, Abu Hafs ^cOmar as-Suhrawardi, das zu den verbreitetsten Lehrbüchern der gemäßigten Mystik gehört und in der gesamten islamischen Welt studiert wurde.

Unter den frommen und gelehrten Frauen ist Schuhda die Schreiberin (gest. 1176) zu nennen, die als Überlieferin ebenso berühmt war wie als Kalligraphin, und anderthalb Jahrhunderte später erwähnt der nordafrikanische Reisende Ibn Battuta *hadith*-Lehrerinnen sowohl in Damaskus als in Bagdad, nämlich Umm Muhammad ᶜA'ischa und die Fatima bint Tadschaddin.

Frauen, die zum frommen, vor allem mystischen Leben neigten, gab es auch in der Türkei zur Seldschukenzeit. Dschalaladdin Rumis unbefangenes Verhältnis zu den Damen der Oberschicht in Konya (so die Gattin des Vizekönigs Aminaddin Mikail) ebenso wie seine Anziehungskraft auf Frauen aller Schichten ist aus seinen Biographien bekannt. Die Frau des Seldschukenherrschers Ghiyathaddin trug sogar sein Bildnis mit sich. (Die Nähe der byzantinischen künstlerischen Tradition macht sich hier im ikonoklastischen Islam bemerkbar!) Und wie Rumis zweite Frau Kira Chatun (aus christlicher Familie) von den Biographen als »zweite Rabiᶜa, als Mariengleich« gepriesen wurde, waren auch einige seiner Nachfahrinnen in der Verbreitung des von seinem Sohn Sultan Walad (gest. 1312) organisierten Ordens, der Mevleviyya, tätig, so dessen eigene Tochter. Im türkischen Bereich wurde das weibliche Mitglied eines Ordens als *baci* (badschi) »Schwester« bezeichnet, denn »die Gläubigen sind Brüder« (Sura 49:10).

Besonders interessant ist Ibn ᶜArabis Stellung zu den Frauen. Seine Erinnerungen an die großen Asketinnen von Sevilla, die er als Jüngling getroffen hatte, waren sehr lebhaft. Da ist zunächst die Fatima bint al-Muthanna, die in äußerster Armut lebte. Sie war lange verheiratet gewesen, bis ihr Mann an Lepra starb. »Sie war Erbarmung für die Weltbewohner«, schreibt der andalusische Meister von ihr und berichtet seltsame Wunder:

die Sura *al-Fatiha*, das erste Kapitel des Korans, war ihr zu Diensten und erfüllte ihr alle Wünsche, so daß sie sogar einmal einen ungetreuen Ehemann zu seiner Frau zurückbrachte, die sich mit der Bitte um Hilfe an die Heilige gewandt hatte. Trotz ihrer Armut war Fatima, die sich als Ibn ᶜArabis »geistige Mutter« bezeichnete, und zu der auch die leibliche Mutter des großen Theosophen dann und wann kam, von unwandelbarer Fröhlichkeit; sie spielte manchesmal auf dem Tambourin, wobei sie fröhlich die Gnade Gottes pries:

Ich erfreue mich an Ihm, der sich mir zugewandt hat und mich zu einem seiner Freunde gemacht hat und mich für Seine eigenen Absichten benutzt. Wer bin ich denn, daß Er mich unter den Menschen erwählen sollte? Er ist eifersüchtig auf mich, und wenn ich mich zu anderen wende, schickt Er mir eine Heimsuchung.

Die Verehrung für Fatima scheint Ibn ᶜArabi für seine besondere Neigung zu weiblichen Heiligen vorbereitet zu haben. Er traf in Sevilla auch noch eine andere bemerkenswerte Frau, ebenfalls über Achtzig, Schams, die Mutter der Armen, die er als hochrangige Mystikerin, besonders durch Intuition ausgezeichnet, beschreibt, die aber ihre hohe geistige Stellung meist verbarg.

Eine Sklavin, deren Name nicht genannt wird, war durch ihre vollkommene Selbstdisziplin bekannt; sie konnte im Nu über große Entfernungen eilen, sich mit Bergen und Steinen unterhalten, und redete diese mit »Willkommen« an.

So war Ibn ᶜArabi auf seine Begegnung mit einer inspirierenden Frau in Mekka vorbereitet. Das war Nizam, die Tochter des Imams des Maqam Ibrahim in der heiligen Stätte, die ihm begegnete, als er die Kaaba umwandelte, in Ekstase Verse rezitierend. Die junge Frau hörte das und interpretierte die Verse zu seinem größten Entzücken. Aus der Begegnung mit der schönen Frau entstand eine Sammlung von Ibn ᶜArabis Gedichten, die als *Tardschuman al- aschwaq*, »Dolmetsch der Sehnsüchte«, bekannt ist – Gedichte im traditionellen Stil arabischer Liebespoesie, in denen die Standardfiguren der klassischen Dichtung beschworen werden. Daß Ibn ᶜArabi sich bemüßigt fühlte, diese Liebesgedichte nach einer Weile mit einem gelehrten mystisch-philosophischen Kommentar zu erläutern, bereitet eine neue Entwicklung in der Dichtung vor: nicht wenige spätere Mystiker fanden es nötig, ihre scheinbar weltlichen Verse über Wein, Liebe und Sehnsucht durch eine Auslegung annehmbar zu machen (obschon solche Interpretationen in vielen Fällen das anmutige Gleichgewicht zwischen den Ebenen des Sinnlichen und des Über-Sinnlichen zerstören, und aus schmetterlingszarten Versen Kompendien metaphysischer Gelehrsamkeit machen). In Ibn ᶜArabis Fall ist es so, daß später in seinem Divan auch andere Gedichte erscheinen, deren einige vielleicht an seine frühere Ehefrau gerichtet sind. Doch bestehen hier noch Unklarheiten.

In jedem Fall erscheint Nizam als Ibn ᶜArabis Beatrice, wie denn sein ganzer Aufenthalt in der heiligen Stadt Mekka ihn für sein Hauptwerk, die »Mekkanischen Eröffnungen«, *»al-futuhat al-makkiyya«,* vorbereitete.

Auch eine andere Frau, Zainab al-Qalᶜiyya, traf er in Mekka; die früher durch Reichtum und Schönheit bekannte Dame hatte sich in die heilige Stadt zurückgezogen, wo sie als hervorragende Asketin galt und viele Sufis unter ihren Freunden hatte. Sie, deren Pünktlichkeit in der Erfüllung der Gebetspflichten Ibn ᶜArabi bewunderte, erlebte in der Meditation Levitationen – ein Phänomen, das in den Biographien anderer Frauen zumindest nicht erwähnt wird, aber wahrscheinlich vorhanden war. Daß Ibn ᶜArabi mit ihr zusammen nach Jerusalem reiste, zeigt die hohe Achtung, die er für sie verspürte. Ein besonderes Kapitel im Leben des großen Andalusiers ist seine Haltung zu Frauen allgemein (s.u.S. 97ff.). Da er sich von Gott mit dem Rang des »Siegels der Heiligen« ausgezeichnet fühlte, besaß er auch die Gabe der Fürbitte, und es ist interessant zu sehen, daß die ersten, denen er noch in jungen Jahren seine Fürbitte zukommen ließ, sämtlich Frauen waren, nämlich seine beiden Schwestern, seine damalige Ehefrau sowie eine vierte Frau (über seine Ehen sind wir nur unzureichend unterrichtet). Auch vierzehn der fünfzehn Personen, denen Ibn ᶜArabi (wohlgemerkt auf geistigem Wege) die *khirqa*, das Ordensgewand, verlieh, waren Frauen, denn er war sicher (wie es auch Dschami von ihm berichtet), daß Frauen auf jeder Ebene des geistigen Lebens eine Stellung innehaben können; selbst zum *qutb*, dem »Pol« oder der »Achse«, das ist der höchste Rang der Heiligenhierarchie, können sie werden. Und bis zum Ende seines Lebens ließ Ibn ᶜArabi Frauen an seiner Unterweisung teilnehmen, ließ sie bei seinen Vorlesungen aus seinen Werken zuhören.

Wie aber lebten Frauen, die sich dem sufischen Weg nähern oder gar anschließen wollten? Einerseits konnten sie als Wohltäterinnen eines Konvents auftreten und durch ihre finanziellen Zuwendungen einem Meister und seinen Jüngern Unterkunft und Nahrung sichern. Als Dank war ihnen der Segen des Meisters gewiß. Hierher gehören die Gönnerinnen des Konvents von Abu Saᶜid-i Abu'l-Khair (gest. 1049) in Mihana, Ost-Iran, vor allem Bibi Nischi, eine Herstellerin von Augensalbe, die sich dem Meister nach anfänglichen Zweifeln anschloß. In manchen Gebieten waren sie – wie in der Frühzeit – beim gemeinsamen *dhikr* zugelassen; für diesen Zweck gab es in den Versammlungsräumen einiger Konvente (wie Rifaᶜiyya in Kairo oder bei den Mevlevis im Osmanischen Reich) einen bestimmten Frauensektor. In anderen Gebieten betrachteten sie die Zeremonien aus einem nahe gelegenen Raum oder vom Dach aus.

Nur in einem Derwischorden waren Frauen aktiv bei allen Ritualen zugelassen: das sind die Bektaschis in der Türkei – was verständlicherweise dazu führte, daß die Bektaschis »unmoralischen Lebenswandels« beschuldigt wurden (was übrigens auch sonst vorkam, wenn ein Meister bei einer Gelübdeablegung oder ähnlichen Gelegenheiten mit einer Frau etwas länger allein war). Yakup Kadri Karaosmaoglus Roman »Nur Baba«, der 1922 in Istanbul erschien, schildert die Verführungskünste eines jungen Bektaschi-Meisters; dieser Roman (deutsch: »Flamme und Falter«) dürfte dazu beigetragen haben, daß Atatürk drei Jahre später die Derwischkonvente schließen ließ. Das Thema ist aber mehrfach in der modernen sozialkritischen Literatur der islamischen Welt romanhaft verarbeitet worden.

Aus dem Mittelalter (etwa seit dem 12. Jahrhundert) sind auch eine ganze Reihe von eigenen Frauen-Konventen bekannt, so in Bagdad, Mekka, Medina, Syrien und Kairo. Mekka scheint drei dieser Einrichtungen besessen zu haben (Ribat az-Zahiriyya, Dar Ibn as-Sauda (1194) und Ribat Bint at-Tadsch); während Bagdad, das damalige Zentrum der islamischen Welt, vor allem durch das von einer Frau gegründete Dar al-falak am Westufer des Tigris bekannt war; weitere Konvente folgten 1127 und 1177, und noch vier Jahre vor dem Untergang des abbasidischen Kalifats stiftete der letzte Kalif 1254 ein Ribat für Frauen, dessen Vorsteherin seine Tochter war. Man wird bei diesen Konventen manchmal an die Damenstifte in Europa erinnert.

Die Vorsteherin eines solchen Konvents predigte, leitete die Frauen im Gebet und dürfte sie wohl auch in der mystischen Weisheit unterwiesen haben. Allerdings waren viele Ribats auch Aufenthaltsstätten für Frauen, die verwitwet oder geschieden waren und die dort zumindest die drei Monate und zehn Tage der *ᶜidda,* der Wartezeit, während der sie keine neue Ehe eingehen durften, verbrachten (die Vorschrift, die Wartezeit einzuhalten, die auf Sura 65:4 beruht, soll sichern, daß keine Schwangerschaft vorliegt, bevor eine neue Ehe geschlossen wird). Ganz fromme Frauen halten die *ʿidda* im Hause, ohne mit irgendjemand außer der engsten Familie Kontakt zu haben, in Gebet und Meditation – das ist in manchen konservativen Familien in Pakistan immer noch Sitte, wie ich in Karachi beobachten konnte.

Daß die Leitung eines Konvents manchesmal in der Familie blieb, ist aus der Geschichte bekannt; die Enkelin des großen Sufis Ahmad-i Dscham verlebte ihre vierzigtägige Klausur im Konvent ihres Großvaters, während eine andere Frau, Amina Khatun, die Enkelin des mystischen Dichters Auhaduddin Kirmani, als *scheikha* und *hafiza*, »die den Koran auswendig kennt«, in Damaskus lebte und lehrte.

Ohnehin darf man die gelehrten Sufi-Frauen nicht vergessen. Unter ihnen ist Bubu Rasti in Burhanpur in Indien, die Expertin in der Auslegung mittelalterlicher persischer mystischer Texte war und in erster Linie die Werke Fakhruddin ʿIraqis interpretierte, dessen ›Lamaʿat‹, »Lichterscheinungen«, ein Büchlein in gemischter Poesie und Prosa, einige von Ibn ʿArabis Ideen anmutig darlegt und zu den feinsten Werken über die mystische Liebe gehört.

Bubu Rasti starb nach 1620, und in den frühen dreißiger Jahren des 17. Jahrhunderts wurde die älteste Tochter des Mogulherrschers Schah Dschahan (reg. 1628-58), Prinzessin Fatima Dschahanara, in den mystischen Pfad eingeweiht, zusammen mit ihrem jüngeren Bruder, dem Kronprinzen Dara Schikoh. Inspiriert waren die Königskinder durch den Heiligen Mian Mir in Lahore (gest. 1635), dessen heiligmäßiger Schwester Bibi Dschamal Khatun der Kronprinz in seiner Biographie seines mystischen Lehrers ein eigenes Kapitel gewidmet hat. Die Prinzessin machte auf dem mystischen Pfad solche Fortschritte, daß ihr eigentlicher Meister, Mian Mirs Nachfolger Molla Schah (gest. 1661) sie sogar zu seiner Nachfolgerin ernannt hätte, wenn das nach den Ordensregeln möglich gewesen wäre. Trotz dieser Hinderung blieb die Prinzessin der Mystik treu, obgleich sie nach dem allzufrühen Tode ihrer Mutter (zu deren Ehren der Tadsch Mahal erbaut ist) seit 1631 die erste Dame des Reiches war. Der Orden, in den sie und ihr Bruder eingeweiht waren, war die Qadiriyya, die seit dem 14. Jahrhundert zunächst in Südindien, dann im Pandschab einen Hauptsitz hatte, obschon die Mogulfamilie sonst der indischen Tschischtiyya zuneigte. Deshalb – der Tradition folgend – pilgerte die Prinzessin nach ihrer Genesung von schweren Verbrennungen nach Adschmir, wie es ihr Urgroßvater Akbar mehrfach getan hatte; denn Adschmir in Radschastan ist bis heute das Zentrum der Tschischtiyya, wo der Ordensstifter, Mu^{c}inuddin Tschischti, begraben liegt. Eine persische Biographie, die sie ihrem geistigen Führer widmete, ist in der British Library handschriftlich erhalten. Nach ihrem Tode 1681 wurde sie im Hofe des anmutigen Mausoleums von Nizamuddin Auliya (gest. 1325) in Delhi beigesetzt. Als Mäzenin mystischer Literatur hat Dschahanara zahlreiche Werke der klassischen Literatur übersetzen oder kommentieren lassen. Auch ihre Nichte Zeb un-nisa (gest. 1689), die Tochter ihres streng orthodoxen Bruders Aurangzeb, der Dara Schikoh hatte hinrichten lassen, neigte der Mystik und der Dichtung zu; des Kaisers andere Töchter machten sich durch Schenkungen an die Mystiker von Delhi einen Namen.

Edle Frauen in der islamischen Welt – nicht nur Prinzessinnen wie Zeb un-nisas Schwester Zinat un-nisa – sind ebenfalls als Stifterinnen von Moscheen bekannt, so z.B. in Ahmadabad (Gudscharat) und im Dekkan. Selbst wenn Frauen in vielen Heiligtümern nicht das Innere betreten dürfen, sondern am Fenster wartend und betend stehen, um einen Blick auf den

از کف جودت که دریای کرم زو قطره ایست
در بگوشش بحر اگر گویند نمی آید گران

Sarkophag des Heiligen zu werfen, können sie doch auch aktiv werden; sie mochten die Ankunft eines heiligen Reliktes, wie etwa des *Hazratbal*, des Haares des Propheten, in Bidschapur mit Litaneien psalmodierend begrüßen; im Mausoleum Mu͑inuddin Tschischtis hält beim Gedenkfest eine seiner Nachfahrinnen eine Kerze über die Köpfe aller im Hofe anwesenden Frauen; nachdem diese Kerze am Grab befestigt ist, dürfen auch die Frauen das Mausoleum betreten. Ähnliche Bräuche dürfte es in vielen heiligen Stätten geben; man darf aber auch nicht vergessen, daß einige Könige (wie Feroz Schah Tughluq, reg. 1351- 1388, und Sikandar Lodi, reg. 1489-1517) es den Frauen verboten, das Heiligtum in Adschmir und anderswo zu besuchen, damit »unreligiöse« oder der Andacht widersprechende Sitten vermieden wurden – daß es bei manchen Heiligengräbern auch wenig »religiöse« Sitten gab (Prostitution), ist aus allen Quellen bekannt; manche Stätten waren in dieser Hinsicht besonders übel beleumdet. Aber selbst die Prostituierten hatten Plätze, zu denen sie voller Demut pilgerten.

Die Formen der volkstümlichen Verehrung frommer und heiligmäßiger Frauen bedürfen noch genauerer Untersuchungen. Oftmals findet man Gräber oder kleine Mausoleen unbekannter Frauen – die »unbekannte Dienerin Gottes« wird auch immer wieder in den Quellen erwähnt. Selbst der kritische R. Burton bemerkte in seinem Werk über Sind (1853), daß die Sindhis »die religiösen Verdienste des schwachen Geschlechtes« anerkennen und hebt besonders eine Fatima Hadscharani hervor, die den Rang eines *murschid*, eines Seelenführers, erreicht hat. Das Volk legt solchen Frauengräbern romantische Namen bei: in Anatolien findet man, um nur zwei Beispiele zu nennen, *Pisili Sultan*, »Dame mit dem Kätzchen« und *Karyagdi Sultan*, »Dame es hat geschneit«, und vielerorts gibt es Gruppen von Frauen wie die *Haft ͑afifa*, die »sieben Keuschen«, die beim

Herannahen feindlicher Soldaten in der Erde versanken. Auch über einzelne Frauen wird erzählt, daß sie bei Gefahr dank ihrem Gebet von der Erde verschluckt wurden, um ihre Ehre zu bewahren. Und viele Legenden ranken sich um einfache Frauen, die, wie einst in den Geschichten Dhu 'n-Nuns, durch ihren starken Glauben zum Beispiel für andere wurden – rührend ist die Geschichte der Lalla Mimuna, einer nordafrikanischen simplen Seele, die nicht einmal die Worte des Gebetes behalten konnte, die ihr der Kapitän eines Schiffes beibringen wollte. Als sein Schiff ablegte, lief sie über das Wasser, um das Gebet endlich zu erlernen ...

Und für manche dieser Frauen dürfte zutreffen, was über die »durch inneres Licht ausgezeichnete« Fatima von Indarpat in Nord-Indien um 1200 erzählt wird: »Ihr Grab ist der Platz, zu dem man sich mit Bitten hinwendet.« Das kleine, nur wenigen Frommen bekannte Grab der Fatima liegt in Delhi, nicht allzuweit von Nizamuddin Auliya's Mausoleum entfernt, und wird von muslimischen wie Hindu-Frauen besucht.

Das Bild der frommen, dem asketischen und mystischen Leben zugeneigten Frauen in der islamischen Welt ist farbig – strenge Asketinnen und zur Gelehrsamkeit neigende Frauen, Fürstinnen, die sich selbst in den Verpflichtungen des höfischen Lebens das Interesse an religiösen Werken bewahrten; einfache Mädchen oder Greisinnen, deren Namen nur ein wenig von ihren mystischen Erfahrungen ahnen lassen und die doch Tausenden von Frauen durch die Jahrhunderte infolge ihrer *baraka*, ihrer Segensmacht, Trost gespendet haben; Frauen, zu denen die Mädchen und Frauen in Stadt und Land ihre Sorgen tragen, auf deren seelische Hilfe sie hoffen konnten – kurz, das Bild der heiligmäßigen Frau ist von besonderer Bedeutung für die gläubigen Musliminnen, die oftmals bei lebendigen und bei längst verstorbenen Geschlechtsgenossinnen Herzenstrost fanden.

Frauen im Koran
und in der Tradition

Der Koran spricht oftmals von den »frommen und gläubigen Frauen«, *mu'minat, muslimat,* die im gleichen Atemzug mit den frommen und gläubigen Männern erwähnt werden, und die auch die gleichen religiösen Pflichten wie die Männer haben. Nur eine Negativgestalt erscheint; es ist die in Sura 111 kurz erwähnte Frau Abu Lahabs, des Erzfeindes Muhammads, die »Trägerin des Brennholzes«, die um ihren Hals einen Baststrick trägt und als Beispiel für die Verdammung der Ungläubigen steht.

Die Stellung der Frau wurde im Koran gegenüber den Zuständen im vorislamischen Arabien deutlich verbessert; sie konnte ihr eingebrachtes oder in der Ehe erworbenes Vermögen selbst behalten und verwalten, konnte auch erben – was früher nicht möglich war. Die Erlaubnis, vier legitime Ehefrauen zu haben (Sura 4:3) wird später als Zugeständnis an die vier Naturen oder Temperamente ausgelegt; doch ist Polygamie längst nicht so weit verbreitet wie man glaubt. Die Anordnung in der genannten Koranstelle, daß die Frauen gerecht zu behandeln sind, hat viele Modernisten dazu geführt, Monogamie als angestrebtes Ideal zu postulieren, denn selbst wenn jede Frau den gleichen Anteil an materiellen Gütern erhält – wie könnte der Mann ihnen allen gleiche Gefühle entgegenbringen? Die Erlaubnis, die Ehefrau bei fortwährendem Ungehorsam zu züchtigen, wird gemildert durch Prophetenworte, in denen liebevolle Behandlung der Frauen empfohlen wird: »Der Beste unter euch ist derjenige, der am besten zu seiner Frau ist.«

Die innige Verbindung zwischen den Ehegatten wird aus dem oft übersehenen oder zumindest falsch ausgelegten Wort von Sure 2: 187, deutlich: »Ihr seid ein Gewand für sie, und sie sind ein Gewand für euch«, denn in der religiösen Tradition ist das Gewand ja das *alter ego* des Menschen, der Gegenstand, der auf engste Verbindung hindeutet.

Nur eine Frau ist im Koran namentlich genannt. Das ist Maria, die jungfräuliche Mutter Jesu, die im Islam hoch geehrt wird. Sie ist, wie eine Überlieferung erwähnt, die erste, die ins Paradies eintreten wird. Für sie trug der dürre Palmbaum süße Datteln, als sie sich in ihren Wehen an ihn klammerte, und ihr neugeborenes Kind bezeugte ihre Unschuld (Sure 19:24, 30-33). Sie ist die schweigende, hingebungsvolle Seele, der eigene ausführlichere Studien gebühren. Doch kommen eine Reihe weiblicher Gestalten im Koran vor, oder aber sie werden von späteren Interpreten und in der Volksfrömmigkeit entdeckt, mit Namen versehen, und ihre Geschichten werden farbenfreudig ausgeschmückt. So konnten sie dann als Musterbilder für Frauen dienen, wie es aus Erziehungsschriften wie dem »Paradiesschmuck« Thanawis deutlich wird, wo jede koranische Frau der jungen Leserin mit lehrhaften Worten als Vorbild dargestellt wird. Die erste Frau ist natürlich Eva, Havva, der Legende nach aus Adams Rippe geformt. Goethe hat ein darauf bezügliches Hadith in Versen wiedergegeben:

Behandelt die Frauen mit Nachsicht!
Aus krummer Rippe ward sie erschaffen,
Gott konnte sie nicht ganz grade machen.
Willst du sie biegen, sie bricht.
Läßt du sie ruhig, sie wird noch krümmer;
Du guter Adam, was ist denn schlimmer? –
Behandelt die Frauen mit Nachsicht:
Es ist nicht gut, daß euch eine Rippe bricht.

Im Koran gibt es keinen Hinweis darauf, daß Eva für den Sündenfall verantwortlich sei und damit die Ursünde in die Welt gebracht habe, denn der Islam kennt die Lehre von der Erbsünde nicht. Aber in den »Geschichten der Propheten«, wie sie von den Volkspredigern und fantasievollen Erzählern immer detaillierter ausgeschmückt wurden, hat Eva eine wichtige Stelle. Ihre Schönheit wird in leuchtenden Farben beschrieben:

Sie war so groß und schön wie Adam, hatte 700 Flechten, mit Chrysolith geschmückt und mit Moschus parfümiert ... Ihre Haut war zarter als die Adams und reiner in Farbe, und ihre Stimme schöner als seine.

Die Tradition weiß auch, daß Gott Adam anredete:

Ich habe Meine Gnaden in Meiner Dienerin Eva für dich gesammelt, und es gibt keine Gnade, o Adam, die besser wäre als eine fromme Gattin.

Die Hochzeit des Ur-Paares wird in den Legenden mit all den Einzelheiten beschrieben, die eine irdische Hochzeit so festlich machen; so streuen die Engel Paradiesmünzen über das Brautpaar aus. Doch als sie, von der winzigen, im Schnabel des Pfaus in den Garten gebrachten Schlange verführt, von der verbotenen Frucht (meist als Korn dargestellt) gegessen hatten, flogen ihre Kleider davon. An dieser Stelle wird in den traditionellen Erzählungen der Nachdruck auf Evas Leichtsinn gelegt. Dramatische Schilderungen lassen Eva Gott befragen, worin denn ihre Schuld liege und was die Strafe sei, und Gott antwortet:

Ich mache dich mangelhaft in Gedanken und Religion, und der Fähigkeit Zeugnis abzulegen und zu erben.

Das sind aus koranischen Vorschriften (zwei Frauen müssen statt eines Mannes Zeugnis ablegen (Sura 2:282), Töchter erben weniger als Söhne (Sura 4:11)) herausgesponnene Worte, ebenso wie die nächste göttliche Strafe »Eingesperrt wirst du sein dein Leben lang« aus einer im Laufe der Zeit verschärften Auffassung der Abschließung entwickelt ist. Auch soll die Frau, wie es Eva, nach Kisa'i, verkündet wird, »nicht am Besten im Leben, dem gemeinschaftlichen Freitagsgebet, teilnehmen« (obgleich sich auch dies weder aus dem Koran noch der frühesten Praxis ableiten läßt) und sie soll nicht grüßen (wofür es ebenfalls keine koranische Sanktion gibt). Ihre Strafen sind Menstruation und Schwangerschaft, und »nie soll eine Frau ein Prophet oder ein Weiser sein«. Das zeigt, wie viele heute verbreitete Vorstellungen nicht auf die Worte des Korans, sondern auf dessen fantasievolle volkstümliche Auslegung zurückgehen!

Eva bereute ihre Übertretung, und ihr wurde vergeben. Doch nach der Vertreibung aus dem Paradies wurden Adam und Eva getrennt, und, wie Legenden wissen, trafen sie sich erst nach langer Zeit in der Nähe von Mekka, wo Gabriel Adam die Riten der Pilgerfahrt lehrte, während er sich auf der Anhöhe Safa befand, Eva aber war auf der Anhöhe Marwa, deren Name fantasievolle Exegeten von *mar'a*, »Weib«, ableiten, und sie erkannten einander, *ta'arafa,* auf der Ebene von ʿArafat.

Mit der Pilgerfahrt wird auch die Nebenfrau Abrahams, Hagar, verbunden; siebenmal rannte sie zwischen Marwa und Safa hin und her, um Wasser für ihr dürstendes Söhnchen Ismail zu suchen, bis der Quell Zamzam aufsprudelte – das wird zum Vorbild für den siebenfachen Lauf der Pilger zwischen diesen Anhöhen (die jetzt durch eine Arkade verbunden sind).

In der volkstümlichen Tradition erscheint auch die Tochter des Tyrannen Nimrud, der Abraham in einen brennenden

Scheiterhaufen katapultieren ließ; die Erzählung behauptet, dieses Mädchen habe, angetan von Abrahams Glauben, sich ebenfalls ins Feuer gestürzt, und sei, wie er, unverletzt geblieben.

Die gläubige Frau Pharaos, die den kleinen Moses rettete, wird von den Kommentatoren Asiya genannt; sie wird zum Modell der gläubigen Frau, weil sie den künftigen Propheten trotz der Vorsichtsmaßnahmen ihres Gatten aufnahm und schützte und dadurch des Paradieses teilhaftig wurde. Ja, in gewissen Kreisen wird sie zur »Vollkommenen Frau« und übertrifft – zusammen mit Maria, Khadidscha und Fatima – die Paradiesjungfrauen an Schönheit.

Noch eine weitere Frauengestalt tritt im Koran auf. Das ist die Königin von Saba, in der Überlieferung Bilqis genannt. Wie Sura 27 berichtet, wird sie vom Wiedehopf, *hudhud*, entdeckt, und folgt dann dem Ruf des Propheten-Königs Salomo, den rechten Glauben anzunehmen und seine Gemahlin zu werden. Die frühere Sonnenanbeterin Bilqis, die Salomo drei Rätsel aufgegeben hatte, die er natürlich leicht löste, wird durch den Glanz des Glasfußbodens in seinem Palast so getäuscht, daß sie ihre Röcke schürzt und ihre Beine sichtbar werden (Sura 27:43), so daß klar wird, daß sie, Tochter eines Geisterfürsten und einer Menschenfrau, durchaus normal gebaut ist. Und durch einen Zauber läßt Salomo ihren Thron, das große Wunderwerk, an dem ihr Herz hängt, in seinen eigenen Palast bringen.

Bilqis erscheint in der späteren Literatur häufig als Muster einer reichen, klugen Fürstin; sie wird daher gern in panegyrischen Gedichten erwähnt. So preist der persische Dichter Khaqani (gest. 1199) sowohl die Gemahlin wie die Schwester seines Mäzens, des Schirwanschahs, als Bilqis (wie er überhaupt bemerkenswert häufig Vergleiche mit den großen Frauen der Geschichte anwendet, sei es Maryam, oder die Mystikerin

Rabi^c a oder Königin Zubaida; ja, die von ihm gepriesenen Damen scheinen ihm stärker und besser als Männer).

Auch im ›Tardschuman al-aschwaq‹, den mystisch interpretierten Liebesgedichten des großen theosophischen Mystikers Ibn ^c Arabi (gest. 1240) erscheint der Hof der Geliebten so wunderbar, »daß Bilqis ihren Thron vergessen hätte« (Nr. XXVI 3), und die schönen Frauen werden geschildert als:

Pfauen mit tötenden Blicken und überragender Macht –
Man würde denken, jede von ihnen sei eine Bilqis auf
ihrem Perlenthron (II 2)

Und, wie Ibn ^c Arabi selbst interpretiert: »Er nennt die göttliche Weisheit ›Bilqis‹, denn sie ist das Kind von ›Theorie‹, die subtil ist, und von ›Praxis‹, die grobstofflich ist, so, wie Bilqis sowohl Geist als Frau war, da ihr Vater zu den Dschinnen gehörte und ihre Mutter ein Mensch war.«

Für Dschami (gest. 1492) aber ist sie die weise Fürstin, deren ausgewogenes Urteil über die guten und bösen Frauen und ihre sanfte Kritik an Firdausis antiweiblichem Vers ihre Weisheit zeigt. (Ihre lächelnde Weisheit ist in der europäischen Literatur dann am schönsten in Rudyard Kiplings zauberhafter Erzählung ›The Butterfly that stamped‹ dargestellt worden.)

Der Thron der Bilqis und Anspielungen auf die mächtige Fürstin kommen zwar hin und wieder in Lyrik und Panegyrik der islamischen Welt vor, und nicht selten wird die kluge Fürstin in der Miniaturmalerei dargestellt, sei es auf ihrem Thron, oder aber in dem Augenblick, da der Wiedehopf Salomos Brief auf ihr Lager wirft. Doch scheint es erstaunlich, daß die Liebe zwischen dem wunderwirkenden, vogelsprachekundigen Salomo und der jemenitischen Fürstin nicht, wie so viele andere Überlieferungen, in Persien zu einem romantischen Epos verarbeitet worden ist. Dabei bietet diese koranische Geschichte die Basis für eine wundervolle Allegorie der geistigen Macht des gott-inspirierten Fürsten und der Liebe der ungläubigen Frau, die durch seine Worte zum Glauben findet – aber vielleicht fehlte den Dichtern das tragische Element, das ein wichtiges Ingredienz der übrigen persisch-türkischen Epen ist. Meines Wissens hat nur Rumi das Thema in seiner ganzen Tiefe aufgenommen. Er erzählt im ›Mathnawi‹ (M IV, 465ff.) wie Bilqis dem Salomo Gold schickte, wie er jedoch ihr Heer zurücksandte, und wie sie sich dann auf die Wanderung macht, in deren Verlauf sie sich täglich mehr von der Welt trennt und ganz zur Liebenden wird:

Als Bilqis nun mit Herz und Seele reiste,
bereute sie die Zeiten, die vergangnen.
Sie gab ihr Reich und ihren Reichtum auf,
wie Liebende vergessen Ruhm und Ehre.
Die zarten Mädchen und die holden Knaben
erschienen ihr wie stinkend-faule Zwiebeln,
und ihre Gärten, Schlösser und Gewässer
wie Aschenhaufen vor der Liebe Auge.
Denn wenn die Liebe jemand überwältigt,
erscheint das Lieblichste als häßlich ihm.
Smaragd erscheint wie Lauch – der Liebe Eifer
weist so: »Kein Gott als Er« – nur Er allein!
O Schützer, »Kein Gott außer Ihm« – das zeigt dir
den lichten Mond gleich einem schwarzen Topf!

In dieser Transformation wird Bilqis ein wenig der Zulaikha ähnlich, die aus dem Alten Testament als Potiphars Weib bekannt ist und die in der islamischen Überlieferung zur liebesbesessenen Frau wird, die alles tut, um zu ihrem geliebten Yusuf zu gelangen und ihn, den Inbegriff der Schönheit, leidenschaftlich begehrt:

Liebe ist wie ein Ozean,
auf dem die Himmel nur Schaum sind,
erregt wie Zulaikha in ihrer Liebe zu Yusuf,

singt Rumi, der beste Interpret dieser Geschichte.
Die 12. Sure des Korans, die in ihrem eigenen Text als »schönste
Geschichte« bezeichnet wird, berichtet von Yusufs Leben,
seiner Trennung von seinem Vater Jakob, dem Verrat seiner
Brüder; sie erzählt, wie er in die Grube geworfen und dann
nach Ägypten verkauft wird, wie sich die Frau seines Dienst-
herrn in ihn verliebt und, wegen dieser Leidenschaft von allen
getadelt, ihre Freundinnen einlädt; als Yusuf eintritt, starren
alle ihn so verzückt an, daß sie, statt die vor ihnen liegenden
Zitrusfrüchte anzuschneiden, sich in die Finger schneiden,
ohne Schmerz zu empfinden. Yusufs Rolle im Gefängnis folgt,
seine Interpretation von Träumen wird erwähnt, und seine
dann erreichte hohe Stellung, die es ihm ermöglicht, während
der Hungersnot in Kanaan seinen Brüdern Getreide zu verkaufen. Schließlich wird der vom Weinen um seinen verlorenen Sohn erblindete Jakob durch den Duft des Hemdes von
Yusuf wieder geheilt.
Aus dieser koranischen Erzählung hat die spätere literarische
Entwicklung einige Szenen herausgenommen und weiterge-
bildet, und aus einer weniger wichtigen Gestalt wird Zulaikha
zur eigentlichen Zentralfigur.
Natürlich haben die Korankommentatoren das Thema liebevoll
aufgegriffen, und vor allem die Mystiker, wie ^cAbdullah-i
Ansari von Herat (gest. 1089) und der von ihm inspirierte
Maibudhi widmete der Yusufgeschichte lange und tiefgründige
Ausführungen. Das Thema dürfte unter den Dichtern Irans
sehr früh bekannt gewesen sein, wenngleich das früher Fir-
dausi (gest. 1020) zugeschriebene Epos ›Yusuf und Zulaikha‹
jetzt nicht mehr als sein Werk anerkannt wird, so sehr sich

Gelehrte des 19. Jahrhunderts bemüht hatten, seine Echtheit zu beweisen.

Schon vor der Wende des ersten Jahrtausends hatte, wie Ethé bemerkt, Abu 'l-Mu'ayyad al-Balkhi ein Epos über das berühmte koranische Liebespaar geschrieben, und im Laufe der Jahrhunderte folgen zahlreiche epische Bearbeitungen des Stoffes, vor allem in der östlichen islamischen Welt; Schaukat Bukhari, Am^{c}aq Bukhari, Nazim-i Harawi, Ruknuddin Harawi werden in Ethés Aufzählung genannt, und im indischen Subkontinent nahmen die Dichter das Thema begeistert auf, nachdem Dschami von Herat ihm seine klassische Form gegeben hatte, die bereits 1824 von Vinzenz von Rosenzweig-Schwannau in deutscher Übersetzung vorgelegt wurde. Mir Ma^{c}sum Nami, der Historiker und Kalligraph aus Sind, der für Akbars Hof tätig war, ist nur einer der vielen, die das Thema in persischen Versen bearbeitet haben; Prosawerke wurden im indo-persischen Bereich ebenfalls geschrieben, und in allen Versionen wurde die als Happyend stattfindende Hochzeit Yusufs mit Zulaikha ausführlich ausgemalt. Es gibt eine Kaschmiri-Version des Epos, und in Bengali schrieb Muhammad Saghir (gest. 1501) sein ›Yusuf Jalikha‹ schon im 15. Jahrhundert. In der Dakhni-Urdu- Literatur der südindischen Höfe erscheinen im 17. Jahrhundert mehrere poetische Ausgestaltungen der Geschichte, so von Malik Khuschnud, dem Hofdichter Muhammad ^{c}Adilschahs von Bidschapur. In Haschims Poem gegen Ende des 17. Jahrhunderts spricht Zulaikha *rekhti*, das typische Frauenidiom des Urdu, und ein Dichter aus Gudscharat, Mir ^{c}Ali Amin »bekleidete Zulaikha mit dem Gewand respektabler Damen«, wie ein Kritiker schreibt.

Und die Anzahl der in späteren Jahren gedichteten Versionen des Yusuf-Zulaikha-Motivs im östlichen Raum ist kaum abzuschätzen. Natürlich wurde das Thema auch in der osmanischen Türkei aufgenommen, wo Hamdi (gest. 1503), der Sohn des

mystischen Führers Aq Schamsuddin, des religiösen Vertrauten
von Sultan Mehmet dem Eroberer, eine der bewegendsten
Bearbeitungen schuf, in dem die ›Klage Zulaikhas‹ von rüh-
render Schönheit ist:

Seit am Tag des Ja die Saat des Leids
gesenkt die Liebe,
Ließ mich wachsen – mit dem Wasser Schmerz
getränkt, die Liebe.
Als der Schmerz dann meine Ähren ausgedroschen hatte,
Hat im Nu die Ernte an den Wind geschenkt die Liebe.
Seit mein Herz vertraut ward mit dem
Kummer um den Freund,
Hat die trauten Freunde fremd von mir gedrängt die Liebe.
Auch Gesundheit bietet keinen Gruß mir mehr, seitdem
Mit des Tadels Hand zum Willkomm mich
empfängt die Liebe.
Schlafes Spur ist nicht in meinen Augen, Wasser füllt sie:
Ich weiß nicht, wohin am Ende mich
noch lenkt die Liebe!

Bestimmte Themen aus der Geschichte von Yusuf und Zulaikha werden sowohl in den Epen als auch in zahlreichen
anderen Anspielungen in der Lyrik immer wieder erwähnt und
abgewandelt.

Ein erstes Thema ist die Auktion, in der der schöne Sklave
verkauft werden soll; als sich alle Welt drängt, um für ihn zu
bieten, erscheint auch ein armes altes Weib, um zu versuchen,
ihn für sich zu ersteigern (s.u.S. 86); sie verkörpert das edle
Streben, das lobenswert ist, wenn es auch sein Ziel nicht
erreicht.

Um Yusuf zu verführen, läßt sich Zulaikha alles Mögliche ein-
fallen; sie läßt ein Schloß mit sinnlichen Bildern schmücken, so

daß Yusuf, wo immer er hinblickt, sich und Zulaikha in Liebesfreuden erblickt. Die ausführlichste Schilderung dieser Szene stammt, wie zu erwarten, aus Dschamis Epos; mehr als 400 Jahre vor ihm hatte einer der Fürsten des Ghaznawidenhauses, Sultan Mas^cud, den Berichten nach in eben Dschamis Wohnort Herat ein Lustschloß mit sinnlichen Bildern ausmalen lassen – man hat fast das Gefühl, daß die Erinnerung an ein solches Schloß irgendwie unterbewußt in Herat weitergelebt haben mag. Dschamis Schilderung hat verständlicherweise die Miniaturmaler vom 16. Jahrhundert an inspiriert: das verwinkelte Schloß, über dessen schwierig zu ersteigende Treppen der schöne Yusuf zu fliehen sucht, ist mehrfach dargestellt worden. Auf solchen Bildern erscheint Zulaikha als attraktive Frau im roten Gewand (rot war in der Regel das Brautgewand, kann aber auch allgemein auf die glühende Liebe deuten), während Yusuf oft in der grünen Gewandung der Heiligen, Propheten und allgemein der Paradiesbewohner dargestellt wird.

Ein interessanter Aspekt der Verführungsszene ist Zulaikhas Haltung zu dem Götzenbild, das sie – noch der falschen Religion anhängend – in ihrem Zimmer hatte; sie verhängte es, damit es sie nicht bei ihren Verführungsversuchen beobachten konnte. Diese Szene muß sehr alt sein, denn der mystische Schriftsteller Hudschwiri (gest. um 1071) schreibt in seinem Lehrwerk:

Alle Menschen sollten von Zulaikha lernen, wie man sich gut benimmt, wenn man das Objekt seiner Anbetung kontempliert; denn als sie mit Yusuf alleine war und ihn anflehte, ihren Wünschen nachzugeben, bedeckte sie erst das Gesicht ihres Götzenbildes, damit dieses nicht ihren Mangel an dezentem Benehmen sehen könnte.

Dschami beschreibt die gleiche Szene, und spielt in einem anderen Epos, ›Subhat al-abrar‹ (S. 526) darauf an; und wie sie sich vor einem Bilde schämt, so erklärt ihr Yusuf, er schäme sich vor Gott, dem Allsehenden, und verläßt sie eilends.

Dschami nimmt das Thema des Götzenbildes auch am Ende seines großen Epos auf, als die gealterte Zulaikha daran verzweifelt, daß Yusuf sich ihr je zuwenden werde. Da zerschmettert sie die Statue, die ihr nicht geholfen hat – und nachdem sie sich von den »Idolen« losgesagt hat, findet sie wunderbarerweise durch die Hilfe des wahren Gottes endlich ihr Ziel und wird mit dem Geliebten vereint.

Das ist ein guter Weg, sich zum wahren Glauben zu bekehren, aber ein früherer Mystiker, Yusuf ibn Husain ar-Razi (gest. 916) sieht es tiefer:

Solange Zulaikha Yusuf begehrte, wurde sie jeden Tag niedriger. Als sie ihr Begehren wegwarf, gab Gott ihr Jugend und Schönheit zurück. Wenn der Liebende vorangeht, weicht der Geliebte zurück, aber wenn der Liebende allein mit der Liebe zufrieden ist, dann naht sich der Geliebte.

So wird Zulaikha zur Seelenfrau, die ihr Leben in harter Buße und unendlicher Sehnsucht verbringt.

Wenn du nicht Zulaikha bist und in der Mühle der Liebe gemahlen wirst, dann rede nicht so viel unnütz von Yusuf von Kanaan,

warnt Sana'i, der mystische Dichter von Ghazna (gest. 1131); denn nur wer den Schmerz um Yusuf kennt, hat das Recht, von Liebe zu sprechen. Die Dichter wissen, daß »die Liebe Zulaikha aus dem Schleier der Keuschheit riß«, wie es bei Hafiz heißt, und sie wird zum Symbol für alle, die in ihrer unerfüllbaren Sehnsucht leiden: sie wird zur mutigen, starken Heldin, die um des Geliebten willen alles auf sich nimmt:

Die Leute blickten immer auf Yusufs zerriss'nes Gewand –
Wer aber sah Zulaikhas zerriss'nes, zerstörtes Herz?

fragt Azad Bilgrami in der Mitte des 18. Jahrhunderts in Indien. Die einst so Schöne altert in Gram und sitzt verzweifelt am Wegrand, um einen Blick auf Yusuf zu werfen. Er aber will nichts von ihr wissen, wie ᶜAttar in seinem ›Musibatnama‹ erzählt:

Als Jakob seinen Sohn besuchen wollte,
aus Kanaan hin nach Ägypten kam,
da schmückten die Ägypter ganz das Land
von einem bis zum andern Ende aus,
und als Zulaikha diese Kunde hörte,
warf sie sich hin, vollkommen außer sich.
Sie legte einen Schleier auf ihr Haupt
und hockt' bescheiden in den Wegstaub sich.
Nun mußte Yusuf dort vorübergehen;
er sah die Traurige, die Heimgesuchte.
Er war zu Pferd, in seiner Hand die Peitsche,
er schlug die Frau, die liebeskrank, besessen.
Ein Seufzer drang aus ihrem tiefsten Herzen,
dess Glut die Peitsche gleich in Flammen setzte,
und als das Feuer dann noch stärker wurde,
ließ Yusuf, elend, seine Peitsche fallen.
Zulaikha sprach: »O du mit reinem Glauben –
Das Ganze paßt dir nicht, du kannst's nicht tragen!
Mir ist das Feuer aus dem Herz gesprungen,
und du kannst es in deiner Hand nicht halten?
Seit Jahren hat dies Feuer mich erfüllet –
du kannst's selbst einen Augenblick nicht halten!
Du bist der Gläub'gen erster – ich ein Weib!
Zeigt das nun deine Treue zu mir an?«

Ebenso wie Jakob wird auch Zulaikha von ständigem Weinen blind und hofft nur auf einen Dufthauch aus Yusufs Gegenwart. Hudschwiri sagt:

Da Zulaikha aufgrund ihrer überaus großen Liebe zu Yusuf bereit war zu sterben, wurden ihr die Augen nicht aufgetan, bevor sie mit ihm vereinigt war.

Das einzige, wovon sie lebt, ist der Gedanke an Yusuf: sie denkt nur seines Namens, wie die Seele immer nur des göttlichen Geliebten denken soll. So geschah, was Ibn ᶜArabi in den ›Futuhat al- makkiyya‹ (II 375) bemerkt:

Berichtet wird, daß Zulaikha von einem Pfeil getroffen wurde. Als ihr Blut auf die Erde tropfte, schrieb es an vielen Stellen »Yusuf, Yusuf«, weil sie diesen Namen ständig wiederholt hatte, der wie Blut in ihren Adern floß.

Schon von einem frühen Sufi wird erzählt, sein Blut habe nach einem Unfall immer das Wort »Allah« auf den Staub geschrieben. Ibn ᶜArabi aber verwendet Zulaikhas Geschichte als Erklärung, wenn er davon spricht, wie das Blut des Märtyrermystikers Halladsch gleichfalls den Namen Gottes schrieb. Doch nach der Zeit der Sehnsucht und der Verzweiflung wird Zulaikhas unwandelbare Treue belohnt. »Sich wie Zulaikha zu gedulden«, lehrt Sana'i seine Leser und nimmt dieses Thema mehrfach auf, weiß er doch, daß die Nähe des Geliebten verjüngende Kräfte hat:

Wenn du infolge des Schmerzes der Triebseele und der Schwäche des Körpers alt und schäbig geworden bist, Mach, gleich Zulaikha, deine Seele in Sehnsucht nach dem Freunde wieder jung.

ᶜAttar aber, in der nächsten Generation mystischer Dichter, schildert diese Verjüngung dramatisch in einer bewegenden Szene seines ›Ilahinama‹.

An einem Tage sah der reine Yusuf
Zulaikha sitzen dort im Wegesstaub.
Die Welt war ihrem Auge ganz verhüllt,
es war ihr ird'sches Auge ganz verhüllt.
Mit Krankheit und mit Armut sie geschlagen,
auf hundert Arten aus sich selbst getragen,
mit jedem Hauch erfüllt von hundert Sorgen –
nur Yusuf galt ihr Denken und ihr Sorgen.
Am Wege saß sie, hoffend, voller Glaube,
auf einen Hauch von seines Weges Staube.
Könnt' es nicht sein, daß sich von seinem Wege
ein wenig Staub erhöb' und auf sie lege? …
»Mein Gott!« rief Yusuf, als er sie erblickt,
»Was willst Du mit dem scheußlichen Relikt?
Warum nimmst Du sie nicht gleich weg? Denn Schande
bringt Deinem Freunde sie in diesem Lande!«
Rasch nahte Gabriel mit Gottes Wort:
»Sie nehme ich vom Wegesrand nicht fort,
denn eine Welt voll Liebe trägt sie ja
für jenen, den Ich liebe, der Mir nah!
Da sie beständig ist in deiner Liebe –
um deinetwillen Ich die Arme liebe!
Wer sagt dir denn, die Rose solle sterben,
Des Freundes Freunde sollten schnell verderben?
Jahrzehnte gab Ich ihr Verzweifelung –
um deinetwillen mach Ich sie jetzt jung.
Da sie die Seele ganz für dich gegeben,
Kann Ich sie kränken? Dir will Ich sie geben!
Da Unsern Yusuf sie so sehr geliebt –

wer wär's, der haßvoll sie dem Tode gibt?
Verlor ihr Augenlicht sie ganz aus Sehnen –
für ihre Liebe zeugen ihre Tränen!
Ihr Zeugnis trägt die Liebende mit sich –
Ihr Glanz erneut und steigert täglich sich.«

So wird Zulaikha, die Liebende, zur Verkörperung der menschlichen Seele, der *nafs*, die, wie der Koran in Sura Yusuf sagt, »zu Bösem anreizend ist, *ammara bi 's-su*«, die aber durch ständigen inneren Kampf, durch Leiden geläutert werden und schließlich als »Seele im Frieden«, zu ihrem Herrn zurückkehren kann. Der Duft von Yusufs Hemd berührt sie, läßt sie die Schönheit sehen; denn Duft bringt Kunde vom Geliebten, ist der Odem des Erbarmers, und die Nähe des Geliebten verjüngt die durch Gram gealterte Frau wieder. Dschami und die seinem Modell folgenden Dichter schildern gerade die Hochzeit des nun endlich vereinten Paares in allen Details, denn Zulaikha, einst einem impotenten Gatten angetraut, ist noch Jungfrau, und nun zerreißt der liebende Yusuf das Hemd der keuschen Braut, wie sie einst sein Hemd zerrissen hatte. – Das hat aber nicht viel mit dem tiefen mystischen Gehalt dieser Geschichte zu tun, die eine vollkommene Illustration des urewigen Zusammenspiels von Schönheit und Liebe ist, wie es Dschami in seiner poetischen Einleitung zu seinem Epos so treffend geschildert hat.

Weib oder »Gottesmann«
Von der Erziehung der Seele
(nafs)

Zulaikha die Verführerin – so erscheint sie im Koran, und für diejenigen, die in asketischer Furcht vor dem Weiblichen lebten, muß es sehr erfreulich gewesen sein, daß eben in der Sura Yusuf, die solche Verführungskünste anprangert, von der *nafs*, der »Seele« die Rede ist, die als *ammara bi 's-su*, »zum Bösen anreizend« beschrieben wird (Sura 12:53). War das Wort *nafs* nicht grammatisch feminin und konnte daher zum Symbol für die Frau werden, deren Sinnlichkeit immer die religiösen Neigungen, das hohe Streben des vernunftorientierten Mannes durchkreuzte? Da sie mehr animalische Eigenschaften hat, versucht sie immer wieder, den Mann durch ihre sexuelle Aktivität zu verführen.

Die Hochschätzung von Knaben ist aus allen Kulturen bekannt; man kennt die Riten, mit denen die Geburt eines Knaben freudig verkündet wird, während die Geburt eines Mädchens oft als Enttäuschung angesehen wird; deshalb gehört es auch zu den Wundern islamischer Heiliger, daß sie neugeborene Mädchen in Knaben verwandeln … Die Furcht vor den Frauen, die, wie der Prophet gesagt haben soll, »die Intelligenten überkommen können«, spiegelt sich in zahlreichen Aussprüchen und Erzählungen aus der Frühzeit des Islam. »Die Frau ist ganz und gar Übel, und das übelste an ihr ist, daß man sie unbedingt braucht!« soll ᶜAli ibn Abi Talib gesagt haben, der doch als Gatte der Prophetentochter Fatima eigentlich etwas positiver geurteilt haben müßte. Doch stammt dieses Wort, falls es echt ist, wohl aus den fast dreißig Jahren nach Fatimas Tode, als er noch mehrmals heiratete.

Wenn der Koran von der *nafs* als »zum Bösen anreizend« spricht, so kommt der gleiche Begriff, durch andere Adjektive qualifiziert, noch an zwei anderen Stellen des Korans vor, nämlich als *nafs lawwama,* die »tadelnde Seele« (Sura 75:2) und als *nafs mutma'inna,* »Seele im Frieden« (Sura 89:27). Als solche kann sie dann »befriedet und befriedigend« zu ihrem Herrn zurückkehren. Abgesehen von diesen drei spezifischen Stellen ist das Wort im Koran wertfrei und bezieht sich meist auf das »selbst« im allgemeinen Sinn.

Für die Sufis boten die genannten drei Koranverse eine ausgezeichnete Anleitung, die Triebseele zu bekämpfen und zu erziehen, bis sie langsam zur höchsten Stufe zu gelangen hofften. Hatte nicht der Prophet gesagt, der schlimmste Feind der Menschen sei die *nafs,* und der Kampf gegen sie sei der »Größere Glaubenskrieg«?

Absolut gesetzt, wird *nafs* in religiösen Schriften fast ausschließlich dafür verwendet, die »Triebseele«, die niederen Kräfte des Menschen zu bezeichnen, und so erklären sich ungezählte Allegorien, die von »der Widerspenstigen Zähmung«, der notwendigen harten Erziehung der *nafs* sprechen. Eine ihrer wichtigsten Manifestationen jedoch ist die als Weib. Als weibliches Element aber ist sie dem ᶜ*aql,* dem Intellekt oder der Vernunft unterworfen, der sie zähmen und erziehen muß. Daher erscheint die *nafs* in vielen Schriften, und vor allem in Rumis *Mathnawi,* als Mutter des Menschen, der ᶜ*aql* als Vater. In Rumis Versen findet man sehr wirklichkeitsgetreue Schilderungen eines Ehestreites, in dem die gutmütige Mutter argumentiert, ihr zartes Söhnchen solle doch nicht zur Schule gehen, sondern sich lieber von ihr verwöhnen lassen, während Vater Intellekt dem Menschenkind eine gute Erziehung geben und ihn daher in die harte Schule schicken will, damit er auf dem Wege zur Vervollkommnung fortschreiten möge (M VI 1433ff.).

Die *nafs* kann auch als Ziehmutter des Menschen erscheinen und wird hin und wieder auf ihrem Weg zur *nafs lawwama* gezeigt, das heißt, zur tadelnden, sich selbst anklagenden Seele, die sich langsam ihrem Gatten ganz ergibt, aber seiner Liebe immer noch nicht ganz sicher zu sein scheint.

Schon die erste Geschichte im ›Mathnawi‹ (M I 36- 245), in der Rumi von der liebeskranken Sklavin erzählt, kann als Allegorie für die Entwöhnung der Triebseele von der »Welt« gesehen werden. Das kranke Mädchen ist, wie der Arzt (zu identifizieren mit dem Ersten Intellekt) feststellt, verliebt in einen Goldschmied, Symbol der verführerischen materiellen Welt, und der Arzt kuriert sie, indem er das unwürdige Objekt ihrer Liebe langsam dahinsiechen läßt, so daß sie sich endlich von ihm abkehrt und sich dem eigentlichen Ziel der Liebe, dem König, zuwendet.

Fast alle Heldinnen der mystischen Erzählungen und Epen sind im Grunde *nafs*-Gestalten; denn diese Gleichung schließt die Möglichkeit ein, daß die Frau sich höher entwickelt und daß jede dieser anfangs so niedrigen Gestalten zum wahren »Gottesmann« werden, als »Seele in Frieden« ihr Ziel erreichen kann. Wenn Frauen wie Bilqis und Zulaikha in der klassischen Literatur der islamischen Welt so oft besungen worden sind, dann, weil sie eine solche Funktion erfüllen – eine Funktion, die in den Liebesgeschichten des indischen Islam noch stärker herausgearbeitet wird (s.u.S. 118ff.).

Wie jede einzelne Frau als Verkörperung der *nafs* gesehen und daher von den »Gottesmännern« verachtet werden kann, so zeigt sich auch die Welt, *dunya* (ebenfalls grammatisch feminin) als Frau. Genau wie die christlichen Schriftsteller des europäischen Mittelalters kennen die Sufis die »Frau Welt«, eine abscheuliche alte Vettel, die mit ihrer scheinbaren Schönheit die dummen Männer verlockt und dann verschlingt oder ihnen ihren gewürmzerfressenen Rücken zeigt, ihre widerlichen schwarzblauen Beine enthüllt, nachdem sie sie verführt und so ihr Ziel erreicht hat. Mittelalterliche Texte sind eine Fundgrube für solche Vorstellungen, die oft an grotesker Komik nichts zu wünschen überlassen.

Wer ist dieses schäbige alte Weiblein? Eine unappetitliche Heuchlerin, Schicht um Schicht wie eine kleine Zwiebel, stinkend wie ein kleiner Knoblauch! (D 2776)

So beschreibt Rumi sie, der auch im sechsten Buch seines ›Mathnawi‹ die Tricks dieses Scheusals amüsant erzählt: um ihre Runzeln zu verbergen, zerreißt sie sogar ein kostbares illuminiertes Koranexemplar (ein besonderes Sakrileg, da der Koran mit größter Ehrerbietung behandelt werden muß und keinesfalls zerrissen werden darf); die glänzenden Stückchen klebt sie sich dann auf ihre Runzeln, um elegant auszusehen (M VI 1222-36, 1268-82)! Ein Pandschabi-Sufi-Poet des 19. Jahrhunderts hat die täuschende »Welt« als *bangalam*, eine »bengalische Hexenmeisterin« bezeichnet, die durch ihre Zauberflöte alle zu fruchtlosem Tun verleitet.

Manchmal aber kann ein Asket diese Vettel durch seine geistige Kraft sogar dazu bringen, ihm zu dienen, da dem, der Gott gehorsam ist, alles andere (die Welt eingeschlossen) auch gehorcht.

Man muß allerdings auch an das weise Wort des Yahya ibn Mu^cadh (gest. 871) denken:

Der Weltmensch schmückt die Welt, als sei sie eine Braut; der Asket schwärzt ihr das Gesicht und reißt ihr das Haar aus; aber der Gottliebende kümmert sich nicht um sie.

Denn selbst wenn man gegen sie kämpft, so bedeutet das noch ein gewisses Interesse an ihr, und das ist bereits eine Ablenkung vom eigentlichen Ziel des religiösen Weges.

Das Motiv der »Frau Welt« wird oft in einem ganz bestimmten Zusammenhang verwendet: die Seele, einem edlen Falken gleichend, fällt einer listigen alten Frau in die Hände: der alte Mythos vom Fall der Seele in die Welt der Materie oder ins Exil wird von den Dichtern der persischen Welt besonders gern unter diesem Bild dargestellt, war doch die Falknerei ein bis heute beliebter Sport im Mittleren Osten. Die Alte hält den Vogel gefangen, näht ihm die Augen zu oder zieht ihm eine Haube über den Kopf – und so vergißt der edle Vogel seine Heimat, das Land, wo er in Freiheit lebte und von seinem Fürsten auf der Hand getragen wurde. Suhrawardi, der Meister der Erleuchtung (gest. 1191) hat diese Allegorie in Prosa erzählt, und Rumi, der das Vogelmotiv besonders gern verwendete, hat das Leiden des Seelenfalken bei der Alten in einem Kapitel das ›Mathnawi‹ (M IV 2557) geschildert: sie versucht ihn nach ihren eigenen Idealen zu erziehen, stutzt ihm die Flügel und Klauen, füttert ihn mit Dingen, die er haßt und die ihm nicht bekommen, und als er die schöne Nudelsuppe nicht trinken will, die sie ihm vorsetzt, gießt sie ihm kurzerhand die kochendheiße Brühe über den Kopf:

Ach, die dreckige, die Alte
meinte es ja wirklich gut,

wie Rumi spottet. Denn wie könnte »Frau Welt« die Bedürfnisse eines Seelenvogels auch nur ahnen?
Solche negativen Bilder des Weiblichen sind aus allen asketisch geprägten religiösen Strömungen bekannt, ob man nun an die Weisungen des Buddha oder die christliche Theologie denkt. Die asketische Furcht vor *schahwa*, »Lust«, »Begierde«, führte

zu der Vorstellung, daß »die Gesellschaft der Frau dem Leben die Wurzel abgräbt«. Daraus ergab sich eine Neigung zum zölibatären Leben unter den frühen Sufis, und sicherlich hätten noch mehr Asketen Ehelosigkeit vorgezogen, wäre es nicht die geheiligte Gewohnheit, *sunna*, des Propheten gewesen, zu heiraten. Daher gibt es eine Menge von Geschichten, die erzählen, wie dieser oder jener Asket den Propheten im Traum erblickte und von ihm ermahnt wurde, seinem edlen Beispiel zu folgen und zu heiraten, damit er ein wirkliches Mitglied seiner Gemeinde werde. Viele folgten der Aufforderung; doch die allgemeine Haltung der Asketen scheint am besten in dem Ausspruch wiedergegeben zu sein, der Ibrahim ibn Adham (gest. um 777) zugeschrieben wird:

Wenn der Mensch heiratet, besteigt er ein Schiff, und wenn ihm ein Kind geboren wird, erleidet er Schiffbruch.

Selbst ein Mystiker, der eine glückliche Ehe führte, nämlich Maulana Rumi, macht in seinem Prosawerk ›Fihi ma fihi‹ (Kap. 17) sehr negative Bemerkungen über die Ehe: Frauen seien dafür da, daß man sich durch geduldiges Ertragen ihrer absurden Ideen selber erziehe, so, als wische man sich den Schmutz an einem Handtuch ab; der Kampf und die ständige Überwindung, die das Eheleben erfordere, sei eine Sache für die Starken, und wer sich dazu nicht imstande sähe, solle den Weg Jesu, nämlich Zölibat und Heimatlosigkeit, wählen.
Rumi hat auch eine der dramatischsten Schilderungen einer Sufi-Ehe gegeben (obgleich wir wissen, daß viele solcher Ehen glücklich gewesen zu sein scheinen, wenn beide Partner gleichermaßen am religiösen Leben interessiert waren und die Ehefrau zu den »Freunden Gottes« gehörte). Er erzählt im ›Mathnawi‹ (M VI 2044ff.), wie ein Jünger den großen Scheich Kharaqani (gest. 1034) besuchen wollte, aber von dessen Frau

so viel Negatives über ihren nutzlosen, blöden Ehemann vernahm, daß er ganz enttäuscht und verzagt in den Wald ging. Dort aber traf er den Meister, auf einem Löwen reitend und eine Schlange als Peitsche benutzend. Kharaqani erklärte dem staunenden Besucher, daß dies die göttliche Belohnung dafür sei, daß er seiner unausstehlichen Ehefrau gegenüber so viel Geduld bewiesen hatte …

Die Ehe konnte für manche Sufis geradezu als Vorgeschmack der Hölle gelten oder auch ein Ersatz für die dort zu erwartenden Strafen sein: Jonas, so heißt es, wollte seinen Anteil an Höllenstrafen erfahren. Da ward ihm geboten, eine bestimmte Frau zu heiraten, denn: »Deine Strafe ist die Tochter des Soundso. Heirate sie.« Ja, Malik ibn Dinar meinte, man solle seine Ehefrau verlassen, um sich ganz Gott zu widmen, und es hieß:

Wenn Gott einem Diener wohl will, läßt er seine Frau sterben und schenkt ihm, sich allein der Gottesverehrung zu widmen.

Freilich kann ein böses Weib auch hin und wieder durch ein Wunder ihres Gatten, etwa ein Versorgungswunder, bekehrt werden.

Bei der Vielzahl solcher negativen Bemerkungen über die Ehefrau freut man sich um so mehr, wenn man einmal auf eine Bemerkung wie die des Delhier Mystikers Mir Dard (gest. 1785) stößt, der schreibt:

Ich liebe meine Frau und Kinder ganz außerordentlich und bin sehr in der Liebe zu Weib und Kind befangen. Gott weiß, ob das infolge der animalischen Kräfte ist oder auf Grund meines menschlichen Wesens oder aus rein sinnlicher Liebe oder als Aufscheinen der göttlichen Herrschermacht in ihrem Aspekt als Erbarmer …

Wie weit entfernt sind wir hier von den Gefühlen der strengen Asketen, die es für Sünde hielten, ein Kind zu streicheln, ja ihre eigenen Kinder zu küssen, da ihnen das als Ablenkung von der wahren Konzentration aller Liebe auf Gott erschien und von denen Rumi sagen konnte:

Der Tod seiner Kinder war Süßigkeit für ihn

(eine Haltung, die man übrigens auch unter christlichen Heiligen, wie Katharina von Genua, findet.)
Und doch hatte schon in der islamischen Frühzeit Sahl at-Tustari (gest. 896) die Wichtigkeit der ehelichen Liebe betont:

Die Liebe zu deiner Frau, soweit sie Güte und Zärtlichkeit in sich schließt, braucht die Liebe zu Gott nicht auszuschließen –

und für jeden Bissen, den der Ehemann seiner Ehefrau liebevoll in den Mund steckt, wird er himmlischen Lohn empfangen. Solche Gedanken wurden in etwas späterer Zeit in der Nachfolge Ibn ᶜArabis von einigen Mystikern noch weiter ausgearbeitet, wie Sachiko Murata in einem höchst aufschlußreichen Artikel gezeigt hat.
Allerdings können nur die Auserwählten die Mysterien der Ehe, wie sie vom Propheten vorgelebt wurden, wirklich nachvollziehen und in der geschlechtlichen Einigung das völlige Untertauchen im Göttlichen nachvollziehen.
Die Vorstellung, daß das Weib etwas Unvollkommenes ist, »mangelhaft an Verstand und Religion« (wie es in der mittelalterlichen christlichen Theologie durchaus bekannt war), wurde in der volkstümlichen muslimischen Tradition auf die Rolle Evas zurückgeführt, wie die ›Geschichten der Propheten‹ sie ausgemalt hatte (s.o.S. 53ff.) – Vorstellungen, die dem Koran fremd sind. Dazu kommt, daß sie in den Zeiten ihrer Unreinheit

den Koran nicht berühren oder rezitieren darf, eine spezielle Auslegung des koranischen Gebotes »Nur die Gereinigten sollen ihn berühren« (Sura 56:79). Doch wußte Rumi, daß Gott auch das Gebet der Menstruierenden annimmt (M II 1798-99).

Solche Ideen, in denen die Frau, die doch im Koran zu allen religiösen Pflichten aufgerufen ist, als etwas Niederes, Gefährliches angesehen wurde, konnten dazu führen, daß jemand, der wirklich auf dem Wege Gottes wandelte, als »Mann« bezeichnet wird. Das ist besonders klar ausgedrückt in einem arabischen Spruch, der im 13. Jahrhundert in Nord-Indien geprägt wurde: *Talib al-maula mudhakkar...*, »Wer den Herrn sucht, ist männlich, wer das Jenseits sucht, ist ein passiver Päderast; wer die Welt sucht, ist weiblich«.

Die Sufis haben so das Ideal des »Mannes« verbreitet, und es ist typisch, daß Texte wie das arabische Werk des Marokkaners at- Tadili im 13. Jahrhundert den Titel trägt: ›*At-taschawwuf fi ridschal at-tasawwuf*‹, »Die Betrachtung der *Männer* des Sufismus«. Fast noch wichtiger als der Begriff des *radschul*, »Mann« ist der Begriff des *fata*, des heldischen jungen Mannes, der alle positiven Eigenschaften hat. Der Koran verwendet das Wort *fata* für Abraham (Sura 21:60) und auch, im Plural, für die Siebenschläfer (Sura 18:10), während in der Tradition ᶜAli ibn Abi Talib der eigentliche *fata* ist, was in Tausenden von Inschriften auf Waffen und Gefäßen bezeugt ist: »Es gibt keinen *fata* als ᶜAli und kein Schwert außer (ᶜAlis zweischneidigem Schwert) Dhu 'l-fiqar«. Im Türkischen verwendet man *er* oder *eren*, um den Gottesmann zu bezeichnen, und die persische Dichtung ist erfüllt vom Lobe des *mard*, des »echten Mannes«. So versteht man, wie der große ismailitische Dichter-Philosoph Nasir-i Khusrau (gest. nach 1072) feststellen konnte, daß der Prophet der einzige wahre Mann ist, alle anderen aber »Frauen«. Doch wußten die Mystiker sehr wohl, daß eine Frau, die auf dem Wege Gottes wandelt, kein Weib ist, sondern ein »Mann«, wie es zunächst von Rabi^ca gesagt wurde, und wenn es in der Tradition des frühen indischen Tschischti-Ordens heißt, daß eine Frau, Fatima von Indarpat, die sich durch große Frömmigkeit und hohe geistige Gaben auszeichnete, »ein Mann war, der in der körperlichen Form eines Weibes zur Erde gesandt war«, dann herrscht hier die gleiche Vorstellung. Aus eben dieser Tradition, die von Nizamuddin Auliya (gest. 1325) vertreten wurde, stammt dessen Rat, daß die Derwische, die Heilige um Fürbitte anrufen, »sich zuerst an die heiligen Frauen wenden sollen, weil diese seltener sind«.

Die wahre *radschuliyya*, die »Mannhaftigkeit«, wird vervollkommnet, »wenn der Mensch durch das Licht des Intellekts und der geistigen Führung gereinigt wird, nachdem er das Dunkel der Natur und der Lüste hinter sich gelassen hat«, wie Ibn ^cArabi meinte.

Männer aber, die den Anforderungen des Pfades zu Gott nicht gewachsen sind, werden als schlechter und niedriger als »Weiber« angesehen. Solche Vorstellungen dürften den meisten sufischen Traditionen vertraut sein, ob in Indien, Iran, oder der Türkei. Denn, wie ^cAttar es in seinem ›Musibatnama‹ ausdrückt:

> *Wer nicht schwanger ist vom Schmerz der Liebe,*
> *der ist ein Weib, und kein Mann.*

So heißt es mit dem häufigen persischen Reim *mard*, »Mann« und *dard*, »Schmerz«.

Und wenn sich manche angeblichen Heiligen ihrer Wunder rühmten, so mochten die wahrhaft Frommen sagen: »Wunder sind die Menstruation der Männer«; das heißt, durch ihren Stolz auf gewisse Wundertaten sinken die Mystiker auf die Stufe von Frauen herab, die infolge ihrer Unreinheit nicht zu der ersehnten Vereinigung gelangen.

Für den echten Gläubigen gilt es, daß es in der Gottesliebe keine Unterschiede von Mann und Weib gibt. Ein persischer Vers sagt, ein Sprichwort aufnehmend:

Nicht jedes Weib ist ein Weib,
nicht jeder Mann ist ein Mann,
Denn Gott hat nicht gleich geformt
die Finger an einer Hand.

Die türkischen Sufis drücken das mit dem Sprichwort aus: *erkek arslan da arslan, disi arslan arslan degilmü?* »Ein männlicher Löwe ist ein Löwe. Ist etwa ein weiblicher Löwe kein Löwe?« Dieser Ausdruck war schon um 1300 bei den indischen Sufis ganz geläufig: Nizamuddin Auliya meinte, als er von den frommen Frauen sprach: »Wenn ein wilder Löwe aus dem Dschungel in ein bewohntes Gebiet kommt, fragt keiner: ›Ist er männlich oder weiblich?‹ Denn alle Kinder Adams, Männer wie Frauen, sind zur Frömmigkeit und zum Dienste Gottes berufen.«
So schreibt auch Ibn ᶜArabi in seinen ›Futuhat al-makkiyya‹: »Alles, was wir von diesen unter dem Namen ›Männer‹ erwähnt haben, da gibt es doch auch Frauen darunter.« Und daß eine Frau als Lehrerin des mystischen Pfades erscheinen kann, geht – ein wenig verschlüsselt –, aus Rumis Geschichte von den Kichererbsen (M IV 4158 ff.) hervor, wo es die Hausfrau ist, die dem Gemüse das Geheimnis des »Stirb und werde« beibringt.
Es war Dschami, der Rabiᶜa in diesem Sinne als Wesen geschildert hat, das jenseits der Geschlechterunterschiede steht. In seiner Sammlung von Heiligenviten, ›Nafahat al-uns‹, schreibt er:

77

Wär'n alle Frauen so wie sie, die wir genannt,
so wären Frauen wohl den Männern vorzuziehn.
Der Sonne schadet nicht das weibliche Geschlecht,
noch dient das männliche zur Ehre für den Mond.

Dschami verwendet das gleiche Bild zur Kennzeichnung einer
frommen Frau, die sich von Geld, Gut und Ehestand losgesagt
hatte; es gibt, wie er in seinem ›*Subhat al-abrar*‹ beschreibt,
»eine mannhafte Frau in Mosul, eine Löwin, die sich nicht von
Füchsen betören läßt«.

Doch vielleicht die schönste Schilderung einer solchen Frommen, die jenseits der Geschlechtsdifferenzierung steht, ist ihm
in seinem Epos ›*Silsilat adh-dhahab*‹ (S. 215) gelungen. Dort
besingt er eine heroische Asketin in Ägypten, die er, auf Yafiꜥi
fußend, schon kurz in seinen Heiligenbiographien erwähnt
hatte. Unbeweglich, so heißt es, verharrte sie in Meditation:

Fast dreißig Jahre stand sie so im Raum
und rührte sich vom Platz nicht, wie ein Baum.
Der Vogel schlief auf ihrem Kopf still ein;
die Schlange ward zum Fußring ihr am Bein;
das Haar wusch ihr der Regen, der da rinnt,
es kämmte täglich sie der Morgenwind,
und vor der Sonne, die die Welt verbrennt,
als Schirm sie nur die selt'ne Wolke kennt.
Der Mund verschlossen ganz von Trank und Speise,
kein Früh- noch Abendmahl, nach Engelweise,
Heuschrecken überall und auch Ameisen
und wilde Tiere rings, sie zu umkreisen.
Sie stand inmitten, ganz berauscht, verwirrt –
Ob sie im Sein ist? Oder ganz entwird?
Ihr Auge auf dem Einzig-Schönen ruht,
getaucht die Seele in die Liebesflut,

ihr Herz in geist'gen Flügen hoch sich schwingend,
ihr Ohr, Mysterien gar tief durchdringend.
Nenn' »Frau« sie nicht – ein jedes Haar von ihr
ist besser doch als hundert Männer hier!

Denn die Begriffe »Mann« und »Weib« sind an die Staubform
gebunden, während die Seele nichts mit solchen Staubformen
zu tun hat. Wenn Mann und Frau ganz in Gott entworden
sind, haben sie keine eigene Existenz mehr, wie es bereits
ᶜAttar in seinen Heiligenviten feststellte. Deshalb schließt
Dschami sein Loblied auf die namenlose ägyptische Asketin
mit dem Gebet, Gott möge ihn davor bewahren, in der Welt
der Einheit noch irgendwelche Unterschiede zwischen Mann
und Frau wahrzunehmen – ein Gebet, in das wohl jeder
wahrhaft Fromme einstimmen wird.

Das alte Weib

Wird auch die gefährliche und verabscheuungswürdige Frau Welt gern als altes Weib dargestellt, so hat das Thema der »alten Frau« (manchmal auch der schwachen Witwe) noch eine andere, positive, Bedeutung in der islamischen Tradition. Die koranischen Mahnungen, zum einen die Eltern zu ehren und zum anderen sich der Waisen und Armen anzunehmen (Sura 2:215) führte dazu, ebenso wie die traditionelle Ehrfurcht vor dem älteren Menschen, auch der alten Frau einen besonderen Platz anzuweisen. Wir erwähnten schon die hübsche Geschichte, wie ein runzliges Weiblein zum Propheten kam und ihn fragte, ob denn auch triefäugige alte Weiber ins Paradies kämen, und als sie auf die verneinende Antwort des Propheten betrübt seufzte, lächelte er und sagte: »Nein, alte triefäugige Weiber kommen nicht ins Paradies; sie werden alle in schöne Jungfrauen verwandelt.« Und in späterer Zeit war der »Glaube der alten Weiber der Gemeinde« das fraglose Annehmen der offenbarten Wahrheiten durch simple Seelen, das den haarspalterischen Argumenten der scholastischen Theologen oder der Philosophen gegenübergestellt wird; natürlich kann dies, vor allem in moderner Zeit, auch die Haltung traditioneller Kreise bezeichnen, die ganz am Überkommenen festhalten, ohne sich dem modernen Leben zu öffnen, und durch ihre *old wives' tales* den eigentlichen Fortschritt verhindern.

Doch solche Gedanken gehören einer späteren Zeit an. In den ›Geschichten der Propheten‹ von Kisa'i findet sich eine Erzählung von einer Alten, die von Abraham ein Götzenbild

kaufen will, aber der Prophet, der seines Vaters Idole zerbrochen hat, bekehrt sie zum Eingottglauben, und als der tyrannische Nimrod ihr daraufhin Hände und Füße abschlagen läßt, wird sie wunderbarerweise um ihres Glaubens willen geheilt. Früher noch erscheint »das alte Weib« oder die arme Witwe in der mystischen Literatur. So macht der ägyptische Mystiker Dhu 'n-Nun (gest. 859) gerne arme unbekannte Menschen zu Trägern religiöser Weisheit, darunter besonders gern alte Frauen:

Er wurde unterwegs von einer alten Frau gefragt, wer er sei, und antwortete ihr: »*Ich bin ein Fremdling!«, worauf sie fragte:* »*Gibt es denn Fremde, wenn man bei Gott ist?«*

Yafiʿi (gest. 1367) berichtet eine verwandte Geschichte von ʿAbdul Wahid ibn Zaid (gest. 794), einem der ersten bekannten Asketen überhaupt. Auf dem Wege nach Jerusalem wurde er von einer Frau geleitet, die ihn belehrte: »Wie sollte denn fremd sein, wer Ihn kennt?« und die dahineilte mit den Worten: »Mein Gang ist der Gang der Erkennenden. Der Asket ist ein Gehender, der Erkennende ein Fliegender.«

Noch schöner ist jene berühmte Geschichte, in der Dhu 'n-Nun die unbekannte Alte fragt:

»Was ist das Ende der Liebe?« Sie antwortete: »Liebe hat kein Ende.« Und ich fragte: »Warum?« Sie antwortete: »Du Dummkopf! Weil der Geliebte kein Ende hat.«

Die Frau erscheint hier als diejenige, die das Geheimnis der Liebe kennt. Da Gott, der Unendliche und Ewige, weder Grenzen noch Ende hat, kann auch die Liebe, die der Mensch für Ihn empfindet, kein Ende haben. So ist die gesamte spätere mystische Liebesdichtung hier in einem einzigen Satz vorgeformt. Die großen alten Frauen, die Ibn ʿArabi in seiner Jugend in Sevilla traf, erscheinen wie Verkörperungen solcher wundersamen weisen legendären Gestalten.

Auch das Scherflein der Witwe ist im Sufismus bekannt. Es wird erzählt, der große Ordensmeister Abu Hafs ᶜOmar as-Suhrawardi (gest. 1234) habe bei seiner Rückkehr von der Pilgerfahrt reiche Geschenke erhalten, doch am wertvollsten sei ihm die kleine Münze gewesen, die ihm ein altes Mütterchen zusteckte.

Allerdings kommt es in der Legende auch vor, daß eine alte Frau mühelos Geld aus der Luft greifen konnte, wie es einst Rabiᶜa getan haben soll.

Die alten Frauen der Geschichten wissen vom Schmerz der Liebe; das wird aus ᶜAttars Bemerkung deutlich, daß bei der Steinigung Halladschs eine alte Zuschauerin die Menge anfeuerte: »Trefft ihn hart, lasst diesen Wollhechler erfahren, daß es schmerzhaft ist, liebend mit Gott zu sprechen!«

ᶜAttar hat in seinem ›Ilahinama‹ einer von der Gottesliebe durchglühten alten Frau ein schönes Denkmal gesetzt: wer ganz von Gottesliebe verbrannt ist, fürchtet sich nicht vor dem äußeren Feuer, das Häuser in Schutt und Asche legt:

In Bagdad, in des Marktes Staub und Dunst,
gab's einmal eine schlimme Feuersbrunst.
Ein Klageschrei erhob sich aus der Menge,
es gab Verwirrung, schreckliches Gedränge.
Da kam ein armes altes Weib daher,
den Stock in ihrer Hand ging sie einher.
»Bleib stehn, du Närrin!« so rief einer aus.
»Die Feuersbrunst hat doch zerstört dein Haus.«
»Der Narr bist du!« so sprach sie. »Sei ganz still,
da Gott mein Haus niemals verbrennen will.«
Die Feuersbrunst zerstörte Häuser, Läden –
das Haus der Alten hatte keine Schäden.

Man fragte sie: »O gute Frau! Beim Brennen –
wie konntest du solch ein Geheimnis kennen?«
Die Alte sagt demutsvoll, mit Schmerz:
»Der Herr kann's Haus verbrennen oder's Herz.
Da Er mir schon das Herz durch Gram verbrannt,
konnt' er mein Haus vernichten nicht im Brand!«

Die alte Frau oder Witwe hat jedoch noch eine andere wichtige
Funktion, in der sie hauptsächlich in der persischen Epik
erscheint: Sana'i berichtet in seiner ›Hadiqat al- haqiqa‹ von
der armen Witwe, die sich bei dem mächtigen Sultan Mahmud
von Ghazna (reg. 999-1030) darüber beklagt, daß fünf seiner
türkischen Soldaten ihren Weinberg geplündert haben; daraufhin läßt Mahmud die fünf Übeltäter hängen, um zu beweisen,
wie sehr ihm Gerechtigkeit und Sorge für die Armen und Alten
am Herzen liegt.
Nizami (gest.1209) erzählt eine ähnliche Geschichte in seinem
›Makhzan al-asrar‹, die er freilich auf einen ihm zeitlich und
räumlich näherstehenden Herrscher, den Seldschuken San-
dschar (gest. 1157) überträgt. In der gleichen Form übernimmt
Dschami (gest. 1492) sie in seiner ›Silsilat adh- dhahab‹, der
»Goldenen Kette«; auch hier ist der Herrscher von der Uner-
schrockenheit der Frau beeindruckt, die sich ihm, der hoch
zu Roß kommt, entgegenstellt und seine Soldaten anklagt, die
ihr die mühsam erworbenen Trauben wegnehmen, und:

Er gab ihr Gold und einen Weinberg auch,
daß ihre Kinder davon Trauben äßen.

Die Szene, wie das gebeugte, bekümmerte Weib mit ihrer
Bittschrift vor dem stolzen Reiter steht, erscheint oftmals
auf persischen Miniaturen. Ohne Verbindung mit dem Text
konnte sie ja auch, absolut genommen, das Flehen der ge-

alterten Zulaikha vor dem strahlenden Helden Yusuf darstellen.

Das Thema der alten Frau als Mahnerin erscheint noch in anderem Zusammenhang. Es ist wiederum ᶜAttar, der im ›Ilahinama‹ erzählt, wie eine Alte dem mächtigen Mahmud von Ghazna im Traum erschien, nachdem er sie am Tage geflissentlich übersehen hatte, als sie ihm ihre Bittschrift reichen wollte, und wie sie dann zur eigentlichen Retterin der Menschen wurde. Selbst wenn das Gedicht auf eine Verherrlichung des gewaltigen Königs hinausläuft, steht doch die unterdrückte Frau im Mittelpunkt der Erzählung; ihr Gebet ist es, das hilft:

Der Glaubenskämpfer, auf arab'schem Roß:
Sultan Mahmud ritt vor dem Heerestroß.
Am Wegrand sah er eine Witwe sitzen
mit einer Bittschrift an des Stockes Spitzen.
Sie suchte gegen Unterdrücker seine Hilfe;
sie hoffte von dem Helfer nun auf Hilfe.
Der hohe Fürst, er sah die Alte dort,
doch kehrt' er sich zu ihr nicht und ritt fort.

In jener Nacht sah Mahmud einen Traum:
Er fiel in eines Wasserwirbels Schaum,
und jenes alte Weib erschien vor ihm
und drehte ihren Stock dann hin zu ihm
und sprach: »O Fürst, ergreife diesen Stab,
Komm aus dem Wirbel, aus dem Brunnen ›Grab‹!«
Da konnt' er leicht den Stock mit Händen fassen
und ward gerettet aus den Wassermassen.

Als er am Morgen saß im Thronesraum,
war schwer das Herz ihm noch von diesem Traum.
Da sah er das verlass'ne Weiblein kommen.

Gerechtigkeit von ihm heut' zu bekommen.
Der Rücken krumm, der Stock in ihrer Hand,
wie eine Wolke weinend unverwandt.

Der Fürst sprang auf und rief sie eilends schon
und setzte sie zu sich auf seinen Thron
und sprach: »*Seht, ohne diese,... – letzte Nacht*
das Krokodil ›*Tod*‹ *hätt' mich umgebracht!*
An ihren Stock, da konnte ich mich hängen
und ward gerettet aus des Wirbels Engen,
und wenn ihr heute wünscht, daß ihr im Krieg
von Gott erhaltet immerfort den Sieg,
dann greift den Stab mit euren Händen fest,
da diese Stütze niemals euch verläßt!«
Und die Soldaten drängten sich heran
und faßten alle ihren Stock nun an,
und dauernd kamen neue Menschenmassen,
von überall, um diesen Stock zu fassen.
Die Alte thronte mit dem König dort
und hielt den Stock ganz feste immerfort.
Sie hielt ihn so als Stütze in der Hand,
und vieles Volk, sich drängend, kam gerannt.
Wie Moses gab der Stab ihr Kraft und Stärke,
gleich Mosis Stab dient' er dem Glaubenswerke.
Der König sprach: »*Du armes Weiblein, ach!*
So viele Leute, und du bist so schwach!
Bei deiner Schwäche – kann es dir wohl nützen,
dich auf ein solches Stückchen Holz zu stützen?
So viele kommen, um dich zu befragen –
du kannst doch eine solche Last nicht tragen!«
»*O Fürst!*«, *so öffnete die Frau den Mund,*
»*Wer Mahmud zog tief aus des Brunnens Grund,*
kann jeden ziehen aus dem tiefsten Ort.

O König, nicht geziemt dir solch ein Wort.
Wer einen Elefanten rettend zieht,
den Emsen-Scharen er sich nicht entzieht.«

Die Frömmigkeit und der starke Glaube der alten Frau sind stärker als die stärksten Hindernisse, stärker als der mächtigste Fürst auf Erden.

Doch das liebende alte Weiblein tritt noch in einer anderen Szene auf, die wiederum auf ihre Rolle als Verkörperung der sehnsüchtigen Seele hindeutet. Es wird erzählt, daß bei der Versteigerung Yusufs in Ägypten alle Anwesenden überaus hohe Summen boten, um den strahlend schönen Gefangenen als Sklaven zu erstehen. Doch unter die Bietenden drängte sich auch ein altes Weiblein, wie ᶜAttar im ›Mantiq ut- tair‹ erzählt:

Drängt' ein altes Weib sich in den Zug,
die ein bißchen Wolle mit sich trug;
schrie den Makler in der Menge an:
»He, verkaufe mir den jungen Mann!
Ganz verrückt hat mich gemacht mein Sehnen –
Hier, zehn Knäuel selbstgesponn'ne Strähnen!
Nimm sie und verkauf ihn – hier mein Pfand!
Leg' in meine Hand still seine Hand!«
Lachend sprach der Makler: »Simple Seele –
nie kriegst das Juwel du der Juwele.
Da ich Schätze hundertfach erhalte –
wo bist du mit deinem Garn, o Alte?«
Sprach sie: »Ja, ich weiß, daß in der Welt
diesen Jüngling man nicht so erhält.
Mir genügt's, wenn Freund und Feind nun sagt:
›Sie hat mitzubieten auch gewagt!‹«

So wird sie zum Beispiel für die *himmat*, das edle hohe Streben; denn selbst wenn sie weiß, daß sie ihr Ziel nie erreichen kann, versucht sie doch, ihm ein wenig näher zu kommen. Es ist ja die Absicht, die zählt, und nach der die Taten beurteilt werden. Aus diesem Grunde hat die türkische Dichterin Hubba um 1500 das Gebet des Suchers mit der Wolle der alten Frau verglichen:

> *Ein jeder gibt, was immer er gefunden,*
> *damit auch er gehöre zu den Kunden.*
> *Du gleichest hier dem alten Weibe ganz:*
> *was brachte sie für Yusufs Schönheitsglanz?*
> *Mit ein paar Fäden kam sie angelaufen,*
> *von Herzen gern wollt' sie den Schönen kaufen.*

Auch wenn man nicht hoffen kann, daß ein Gebet angenommen oder erhört wird, soll man doch nicht davon ablassen – die Hoffnung und das Vertrauen, die die Seele dazu bringen, nach dem höchsten Ziel zu streben, sind ja das eigentliche Geheimnis der Suche. Und wenn eine Seele sich so intensiv zu Gott wendet wie das alte Weiblein in der Josephs-Geschichte, kann es geschehen, daß bei der Pilgerfahrt nicht mehr die Sucherin die Kaaba umwandelt, sondern die Kaaba sie umkreist, wie Sahl al-Tustari (gest. 896) von einer alten Frau in Mekka lernte, die sagte:

Jeder, der aus seiner eigenen Selbstheit hinausschreitet, um die Schönheit Gottes zu schauen, den muß die Kaaba umkreisen!

Die Mütter

Der Koran ermahnt die Gläubigen, die Eltern zu ehren, so lange sie leben (Sura 17:23). Noch stärker aber betonen die Aussprüche des Propheten die Pflichten des Menschen gegen die Eltern:

Seid gut zu euren Eltern, dann werden eure Kinder gut zu euch sein, und seid selbst keusch, dann werden eure Frauen keusch sein.

Und wenn schon beide Eltern geehrt werden sollen, so ist es doch in erster Linie die Mutter, der die Liebe der Kinder gelten soll, denn:

Das Paradies liegt zu Füßen der Mütter.

Es wird auch erzählt, daß ein Jüngling zum Propheten kam und ihn fragte:

»Wer verdient meine Liebe und Fürsorge am meisten?« Der Prophet sprach: »Deine Mutter!« »Und an zweiter Stelle?« »Deine Mutter!« »Und wer an dritter Stelle?« Der Prophet sprach: »Deine Mutter!«

Denn, wie Rumi im ›Mathnawi‹ (M VI,3257) sagt:

Dankbarkeit gegenüber der Mutter ist selbstverständlich, da sie ja von der Milde Gottes inspiriert ist.

Es ist nicht verwunderlich, daß in den Biographien großer Gelehrter und heiligmäßiger Männer die Mütter eine ganz besondere Rolle spielen, wurde das Kind doch in den ersten sieben Jahren ganz in der Frauenseite des Hauses, unter der Obhut von Mutter und Tanten, aufgezogen und konnte so von der Frömmigkeit der Mutter durchdrungen werden. Bücher, die der Erziehung junger Mädchen dienen sollten, wie Thanawis »Paradiesesschmuck« berichten von zahlreichen Müttern (und auch Schwestern) großer Gelehrter der Frühzeit, die all ihr Vermögen für die gute Ausbildung ihrer Söhne ausgaben – ein Beispiel ist der große Traditionsgelehrte Bukhari (gest. 870). Daß sich daraus in späterer Zeit manchmal die Überzeugung entwickelte, Mädchen seien gewissermaßen moralisch verpflichtet, ihr Vermögen für ihre Brüder zu opfern, ist eine Verdrehung der ursprünglich freiwilligen guten Tat.

Wie viele Fromme trugen ihre gebrechlichen Mütter nach Mekka, damit sie die Pilgerfahrt vollziehen konnten! Und zu den Wundern, die sie vollbrachten, gehört die Heilung der blinden oder kranken Mutter; andererseits war das Gebet der Mutter besonders wirksam und konnte ihren gefangenen oder verlorenen Sohn wieder zurückbringen.

Man erfährt aus den Biographien, daß gelehrte und aktive Frauen unter den Müttern der Frommen waren, wie etwa die Mutter des Madschduddin Bagdadi (gest. 1209), eine erfolgreiche Ärztin, die versuchte, ihrem jungen Sohn die harte Novizenzeit in einem Sufikloster ein wenig zu erleichtern: als sie erfuhr, daß der Knabe dort die Latrinen reinigen mußte, sandte sie zwölf türkische Sklaven, die ihm das abnehmen sollten. Doch der Meister schickte diese zurück mit der Bemerkung: »Du bist Ärztin – wenn jemand mit Gallenbeschwerden zu dir kommt, muß *der* dann die Medizin nehmen oder gibst du sie einem türkischen Sklaven?« Es scheint eine beachtliche Anzahl von guten Ärztinnen gegeben zu haben, ebenso wie Frauen, die Medizinen, Augensalben und ähnliches herstellten. Söhne konnten sogar nach einer hervorragenden Mutter benannt werden, wie Ibn Bibi, Schriftsteller des 13. Jahrhunderts in Anatolien, dessen gelehrte Mutter Bibi *al-munadschschima*, »Die Astronomin (oder Astrologin)« war.

Andere Frauen wurden durch ihr mustergültiges asketisches Leben zu Vorbildern für ihre Söhne; berühmt ist die Mutter des Schiraser Asketen Ibn Khafif (gest. 982), der sich als Jüngling in fast übermenschlichen Anstrengungen durch Fasten und Beten kasteite, weil er hoffte, in der *lailat al-qadr*, der Nacht am Ende des Fastenmonats Ramadan, in der die erste Offenbarung des Korans stattgefunden hatte, das göttliche Licht zu erschauen, das in dieser heiligen Nacht die Welt erleuchtet. Aber nicht er erblickte den himmlischen Lichtglanz, sondern seine fromme Mutter.

Auch in den Biographien der großen Tschischti-Heiligen Nord-Indiens spielen Mütter eine zentrale Rolle, und wer das Mausoleum von Qutbuddin Bakhtiyar Kaki (gest. 1235) in Mehrauli bei Delhi besucht, wird als Frau ebenso auf das Grab seiner Mutter und der weiblichen Verwandten einen Blumenstrauß legen, wie man es am Grabe der Mutter Burhanuddin Gharibs (gest. 1338) in Khuldabad im Dekkan oder im Mausoleum von Maulana Rumis Mutter in Karaman (Anatolien) tut.

Fariduddin Gandsch-i Schakar, »Zuckerschatz«, wuchs bei einer frommen glaubenseifrigen Mutter auf und wurde so zum großen Heiligen. Er schrieb seiner Mutter seinen ganzen Erfolg zu; ein Wunder, das sie vollbrachte, war, daß ein Dieb, der bei ihr eindrang, erblindete; nachdem er bereut hatte, wurde er von ihr geheilt, und bekehrte sich dann natürlich zum Islam. Farids größter Jünger, Nizamuddin Auliya in Delhi (gest. 1325) verbrachte seine Tage in Gegenwart seiner frommen Mutter, die ihn in seinen geistlichen Übungen unterstützte. Es wird erzählt, wenn der Neumond erstmals sichtbar wurde und damit ein neuer Monat begann, habe Nizamuddin den Kopf auf seiner Mutter Füße gelegt, um sich ihrer Segenskraft für den beginnenden Monat zu versichern, war sie doch »eine Frau, die Gott erreicht hatte, Rabiᶜa ihrer Zeit, der Stolz der Frauen in den Welten.«

Von der Mutter eines anderen nord-indischen Sufis wurde ein Wunder berichtet: beim Regengebet zur Zeit der Dürre zog er ein Stück Stoff heraus, worauf sofort Regen einsetzte. Nach dem Geheimnis dieses Stoffes befragt, sagte er: »Es ist der Rock meiner Mutter!« Man denke auch an ein Regengebet der Tante des großen Ordensstifters ᶜAbdul Qadir al-Dschilani (gest. 1166 in Bagdad), die den Boden fegte und rief: »Herr Gott, ich habe gefegt, nun sprenge Du Wasser drauf!« – worauf es sogleich zu regnen begann.

Daß Ibn ᶜArabis leibliche Mutter auch seine »geistige Mutter« Fatima bint al-Muthanna besuchte und verehrte, ist aus der Biographie des großen Andalusiers bekannt.

Es wäre eine schöne Aufgabe, einmal die Gedichte zu sammeln, in denen muslimische Dichter durch die Jahrhunderte den Dank an ihre Mütter, ihre Liebe abgestattet haben, ob man an Abu Firas' Verse aus dem Kerker, die er an sein Mütterchen richtete, denkt, oder an Iqbals bewegende Elegie auf seine Mutter:

> *Wer wird, auf mich zu Hause wartend, beten,*
> *wer unruhig sein, wenn Briefe sich verspäten?*
> *Ich werde in dein Grab die Frage senken:*
> *Wer wird im Nachtgebet jetzt meiner denken?*

oder auch die schlichten Verse, die der persische Schriftsteller Iradsch Mirza (gest. 1926) über seine Mutter schrieb:

Man sagt, als ich geboren, hat die Mutter
Die Brust zu nehmen zärtlich mich gelehrt,
Und jede Nacht an meiner Wiege sitzend
Hat wachend sie das Schlafen mich gelehrt.
Sie legte lächelnd ihren Mund auf meinen,
Die Knospe hat zu öffnen sie gelehrt,
Nahm meine Hand und setzte Fuß vor Fuß mir,
Bis sie die Kunst des Gehens mich gelehrt.
Ein Ton, zwei Töne, legte sie die Worte
Mir in den Mund, hat sprechen mich gelehrt.
Drum ist mein Dasein Teil von ihrem Dasein –
Solang' ich leb', ist sie mir lieb und wert.

Die Besucherin ist immer wieder bewegt, wenn sie in einem pakistanischen oder türkischen, einem arabischen oder persischen Hause sieht, wie die Mutter, mag sie auch illiterat sein, den Haushalt beherrscht und von den Söhnen – seien sie Minister oder Professoren – ehrfurchtsvoll behandelt wird. Und auf dem rein weltlichen Gebiet muß man daran denken, daß in den Frauengemächern der Fürsten die Mutter des Kronprinzen, wie etwa die *Valide Sultan* des osmanischen Herrscherhauses oder die Großfürstin im indischen Mogulreich, in gewisser Weise mehr Macht ausübte als der Herrscher selbst, und es verstand, den Stempel ihrer Persönlichkeit dem Hof und der Umgebung aufzudrücken.

Man darf hier auch auf die wichtige Rolle der Amme in der islamischen Geschichte hinweisen; Ammen in Königshäusern haben sich mehrfach als Mäzeninnen ausgezeichnet, ob man an die von der Amme des Ziridenfürsten in Tunesien in Auftrag gegebene exquisite Korankopie, das sogenannte *mushaf al-hadina*, denkt oder an die von Frauen im muslimischen Indien gestifteten Bauten in Lahore, Mandu und anderswo – in Mandu gibt es sogar eine sehr schöne Anlage aus dem

15. Jahrhundert, die als »Platz der kleinen Schwester der Amme« bekannt ist.

Wie die Rolle der frommen Mutter in der gesamten Sufi-Literatur betont wird, haben die Mystiker oft auch Symbole aus dem mütterlichen Bereich verwendet. Hatte nicht Gott in einem außerkoranischen Wort gesagt (wie Ghazzali berichtet): *Wenn mein Diener erkrankt, pflege ich ihn wie die liebevolle Mutter den Sohn pflegt.*

Man erkannte bald, daß das Wort *rahma*, »Barmherzigkeit«, das die Wurzel für die ständig wiederholten Gottesnamen *ar-rahman*, »der Barmherzige«, und *ar-rahim*, »der Erbarmer«, bildet, zur gleichen Wurzel wie *rahim*, »der Mutterschoß« gehört. Und wie Gott immer Zuflucht für den Menschen ist, so ist es die Mutter für das Kind, betont Rumi (M IV 2923).

Ja, wenn dieser große mystische Dichter den seligen Tod in Liebe besingt, so sagt er:

Wie ein Kind, das im Schoße der Mutter stirbt,
so sterbe ich im Schoße der Gnade –.   *(D 1639)*

Der Tod kleiner Kinder war ein häufiger Anblick im Mittelalter, aber man versuchte die Frauen mit der Überlieferung zu trösten, daß die jung verstorbenen Kindchen sich im Paradies einsam fühlen und daher ihre Eltern zu sich ziehen, wenn sie sterben. Die Mutter aber, die im Kindbett stirbt, steht höher als die Paradiesjungfrauen und wird unter die Märtyrer gezählt, wie die ›Geschichten der Propheten‹ tröstend berichten.

Die Gnade kann als Mutter oder Amme gesehen werden (M I 555), wie auch die alles umfaßende Liebe in Rumis Werk als Mutter symbolisiert wird. Die Liebe ist die »urewige Maria«, die Mutter, die ihre Kinder pflegt – und wer möchte nicht an der Brust der Gnade saugen, wie Rumi immer wieder betont? Nicht nur abstrakte Begriffe, wie Liebe und Gnade, werden als liebevolle Mutter empfunden, sondern auch die Propheten, denn sie sorgen ja für die Entwicklung des Kindes, d.h. der ihnen anvertrauten Seelen, und, wie es in Rumis ›Diwan‹ heißt:

Der Zorn der Propheten ist wie der Ärger der Mutter,
ein Ärger, der mit Milde für das hübsche Kind gefüllt ist
(D 2237);

denn die Mutter schilt das Kind ja nicht zum Vergnügen, sondern um ihm weiterzuhelfen; würde sie ihr Kind schröpfen lassen, wenn sie nicht wüßte, daß der kurze Schmerz heilsam für das Kind ist (D 405)?

Doch nicht nur die Propheten erscheinen als »Mütter«, auch der Meister auf dem mystischen Pfade wird unter diesem Bilde gesehen, ebenso wie der Hazir Imam, der Aga Khan, von den gläubigen Ismailis als »Vater und Mutter« verehrt wird und seine Erlasse mit »väterlichen und mütterlichen Segnungen« beginnt, und die seelische Nähe zwischen Meister und Jünger, durch die der Jünger in die Geheimnisse des Pfades eingeführt wird, kann mit dem »Stillen« verglichen werden (s. M I 2378). Der mystische Meister nährt seinen Jünger an seiner Brust, wie Kulali zu seinem Jünger Baha'uddin Naqschband (gest. 1389) sagt; er gibt ihm gewissermaßen die »Milch der Weisheit« und Güte zu trinken.

Daher erscheint in Rumis ›Mathnawi‹ (M II 2969) auch die Mutter des Moses als Symbol des Vollkommenen Menschen, deren Jünger ihr Kind ist.

Der Mensch, so empfindet Rumi, gleicht einer schwangeren Frau, die in sich das Mysterium trägt, das bei jedem Schritt wächst und wächst. Solche Menschen sind die wahren »Gottesmänner«, die, wie der Koran sagt (Sura 24:37), nichts von ihrer Anbetung abhält; sie tragen gewissermaßen die Namen Gottes in sich.

Auch die seelisch-geistige Entwicklung des Menschen kann unter einem verwandten Bild gesehen werden: zu Beginn des zweiten Buches des ›Mathnawi‹, das erst nach einer Pause von vier Jahren nach Abschluß des ersten Buches wieder aufgenommen wurde, heißt es:

Es dauert lange, bis Blut zu Milch wird. (M II 1)

Der Schmerz, den Rumi um seinen verschwundenen Freund Schamsuddin erlitten, das Herzblut, das er um seinetwillen vergossen hatte, war nun langsam zu geistiger Milch geworden, heilsam und nährend für seine Jünger. Und noch mehr: Schwangerschaft und Geburtswehen dienen dazu, die geistige Entwicklung des Menschen anzudeuten. Wir zitierten schon ᶜAttars Vers:

Wer nicht schwanger ist vom Schmerz der Liebe,
der ist ein Weib, und kein Mann.

Schmerz ist die Voraussetzung für die seelische Läuterung, ohne die man den Rang des wahren »Gottesmannes« nicht erreichen kann. Die Betonung des Schmerzes steht im Mittelpunkt vieler Sufi-Legenden und -Geschichten, und hier wird die Beziehung zur weiblich empfundenen Seele deutlich, ist es doch der Geburtsschmerz, der, wie Eduard Spranger in seiner ›Psychologie der Geschlechter‹ feststellt, das zentrale Erlebnis für die Frau ist. Das mag vielleicht weit hergeholt klingen, aber ein Blick auf die Literatur des mystischen Islam zeigt, daß hier eine – wahrscheinlich oft unterbewußte – Identifizierung der Seele mit der Frau besteht, die sich ja, wie wir sahen, in dem *nafs*-Thema ganz deutlich zeigt. In diesem Zusammenhang gehört Rumis Gleichnis von der Geburt Jesu in der Seele, das er ein halbes Jahrhundert vor Meister Eckhart prägte:

Der Leib ist wie Maria. Jeder von uns hat einen Jesus, aber ehe sich in uns kein Schmerz zeigt, wird unser Jesus nicht geboren. Wenn der Schmerz niemals kommt, geht Jesus zu seinem Ursprung zurück auf demselben geheimen Weg, wie er gekommen war, und wir bleiben beraubt und ohne Anteil an ihm zurück.

Schmerz ist notwendig für die Entwicklung, und wenn Maria die Geburtswehen erlitt, und durch den Regen süßer Datteln belohnt wurde, so läßt der Anblick des schönen Geliebten die Seele allen Schmerz vergessen; hierher gehört die koranische Geschichte von den Frauen, die sich bei Yusufs Eintritt in die Hände schnitten, ohne es zu spüren.

Wenn die Seele nun als weiblich erlebt wird, so gleicht ihre Einigung mit Gott der Vereinigung von Mann und Frau, der Großes entstammen kann, oder, anders gesehen, »der Körper wird durch die Verbindung mit dem Geist schwanger und bringt gute Werke hervor«. Im Grunde ist alles Geschaffene eine Mutter, vom Mineral bis zum Menschen, denn jedes bringt durch das Zusammentreffen mit einer höheren Macht etwas Besseres hervor: aus Eisen und Stein kann Feuer entspringen; jeder menschliche Akt, in dem sich das aktive und das passive Element vereinigen, wird als Zeugung empfunden, und diese Zeugung und Geburt geht durch alle Sphären, bis zum Zusammenwirken der urewigen Feder mit der urewigen Tafel. Deshalb kann auch im Türkischen ein im Geiste des Mystikers durch plötzliche Inspiration »erzeugtes« Gedicht als *dogus* »Geburt, Geborenes«, bezeichnet werden, denn, wie Rumi weiß:

Alles in der Welt ist eine Mutter; nur weiß die eine nichts von den Schmerzen der anderen. (M III 3526)

Die Frau als Manifestation Gottes

Der Prophet hatte seine Liebe zu Frauen deutlich ausgedrückt (s.o. S. 23), und die klassische arabische wie die frühe persische Literatur ist erfüllt von Liebesgedichten, von Beschreibungen der duftenden Geliebten mit all ihren Reizen. Doch eine Warnung muß hinzugefügt werden: in der persisch-türkischen Literatur ist oft schwer zu entscheiden, ob das verehrte Wesen männlich oder weiblich ist, da weder Persisch noch Türkisch ein grammatisches Geschlecht haben, und nur die Erwähnung besonderer Merkmale kann hier weiterhelfen, wie etwa die ständigen Anspielungen auf den sprießenden Bartflaum des (gern als vierzehnjähriger mondschöner Knabe gesehenen) geliebten Wesens. Doch wird selbst diese Eigenheit von vielen, und zwar gerade auch von Persern, als rein symbolisch angesehen, um das wahre Geschlecht zu verhüllen. Mir scheint allerdings Hammer-Purgstalls Bemerkung in der Einleitung zu seiner Hafis-Übersetzung von 1812/13 zutreffend (S. VII):

daß [der Übersetzer] an Stellen, die sich unmöglich auf weibliche Schönheit deuten lassen, sich keine Veränderung erlaubte, was er hätte tun müssen, wenn er nicht in Ungereimtheiten verfallen und zum Beispiel Mädchen wegen ihres grünenden Bartes hätte loben wollen.

Die Liebe des mächtigen Sultans Mahmud von Ghazna zu seinem türkischen Militärsklaven Ayaz war seit dem 11. Jahrhundert bekannt und bildete das Thema ungezählter Anspielungen, nicht zu vergessen die Epen, die vom 14. bis 16.

Jahrhundert in Iran diesem Thema gewidmet werden. Aber wenn man die *nafs* als weiblich empfindet, lassen sich auch die zahlreichen Verse an den »männlichen« Geliebten zu einem gewissen Grade verstehen.

Was die weiblichen Ideal-Geliebten anlangt, so hat Goethe sie im ›West-Östlichen Divan‹ aufgezählt:

> *Höre und bewahre*
> *sechs Liebespaare...*

nämlich Rustam und Rudaba (eigentlich wäre hier Rustams Vater als Gatte der Rudaba zu lesen), Yusuf und Zulaikha, Farhad und Schirin, Madschnun und Laila, der arabische Dichter Dschamil und Buthaina, und Salomo und »die Braune«, nämlich die südarabische Bilqis. Er fügt dann noch ein siebentes Paar, die aus der persischen Tradition bekannten Wamiq und ʿAzra, hinzu. Unter den hiergenannten stehen in der späteren Literatur Madschnun und Laila an erster Stelle. Die Geschichte von Qais, der in unerfüllter Liebe seinen Verstand verliert, *madschnun*, »besessen« wird, geht auf früharabische Überlieferungen zurück; er ist der Liebende, der die Stadt der Vernunft verläßt und in der Wüste lebt. Wilde Tiere sind seine Gesellschaft, Vögel nisten in seinem Haar, und er küßt die Pfoten des Köters, der durch Lailas Straßen gelaufen ist. Für ungezählte Dichter wurde Madschnun zum Symbol für ihren eigenen Zustand (oder zumindest behaupteten sie das), und wenn der von Liebe Verwirrte sogar Laila nicht mehr sehen wollte, weil er ganz in ihr lebte, so konnte die Geschichte dem Mystiker als Bild für seine völlige Versunkenheit in dem göttlichen Geliebten dienen.

So erscheint Laila, erscheinen aber auch die anderen in der klassischen arabischen Literatur als Geliebte genannten Frauen wie Hind und Salma in der mystischen Dichtung der Araber als Chiffren für das ersehnte göttliche Wesen, und die Verse Ibn al-Farids (gest. 1235) und Ibn ᶜArabis sind voller Anspielungen auf Hind und Salma, auf Lubna, Buthaina und andere. Auch gibt es Erzählungen über die Verwirrung, die ein Mensch durch den Schock einer großen Liebe erleidet. Das bekannteste Beispiel ist die Geschichte von Scheikh Sanᶜan, der durch plötzlich entflammte Liebe zu einer Christin seinen asketischen Weg verläßt und, um die Geliebte für sich zu gewinnen, auf ihr Geheiß Wein trinkt und sogar ihre Schweine hütet. Am Ende der Geschichte wird die Verführerin freilich auf den rechten Pfad geführt und bekehrt sich, und der Scheikh kehrt zu seinen Jüngern zurück.

Diese Geschichte war im östlichen islamischen Gebiet weit verbreitet, nachdem ᶜAttar ihr in seinem ›Mantiq ut-tair‹ die klassische Form gegeben hatte. Man findet sie in der Kaschmiri-Literatur ebenso wie in der malayischen, und es war bewegend zu erleben, als im September 1994 eine Intourist-Führerin in Bukhara eben diese Geschichte nach ihrer tschagatay-türkischen Version Mir Ali Schir Nawa'is (gest. 1501) mit großer innerer Anteilnahme erzählte. Denn in den Abenteuern Scheikh Sanᶜans wird die überwältigende Macht der Liebe zu einer Frau besonders eindrücklich dokumentiert – und man muß dabei bedenken, daß in einer Gesellschaft, wo ein Mann kaum je eine wohlbehütete Frau außerhalb der eigenen Familie zu sehen bekam, der unerwartete Aufglanz weiblicher Schönheit (und sei es nur auf einem Bilde!) den Betrachter zutiefst verstören kann, wie es noch jetzt muslimische Freunde aus konservativen Häusern berichten.

Die Frau kann als Symbol des höchsten Wunschzieles dienen, und damit dürfte in gewisser Weise der Symbolismus der Kaaba zusammenhängen, der sich – um nur ein Beispiel zu nennen – ganz klar in Dschamis Version der Geschichte von Madschnun und Laila findet: als der Besessene bei der Pilgerfahrt sich der schwarz verhüllten Kaaba naht und dann vor ihr steht, weiß er kaum mehr, ob dies die himmlische Geliebte ist oder Laila:

O die du sitzest im Brautgemach der Koketterie
und die du öffnest den Vorhang des Mysteriums;
Du saßest in der Araber Gesellschaft
und machtest den Handelsverkehr der Perser zunichte,
Araber und Perser wandten ihr Gesicht dir zu
und es berauschte sie die Sehnsucht nach dir.

Der Vergleich Kaaba-Geliebte war schon lange vor Dschami bekannt; mittelalterliche Schriftsteller und Dichter haben, vor allem wenn sie über ihre Erfahrungen bei der Pilgerfahrt sprechen, das Zentralheiligtum des Islam oftmals mit einer verschleierten Braut, einer ersehnten Jungfrau verglichen, um derentwillen man die lange gefährliche Wüstenreise gern unternimmt: man hofft, sie berühren und ihr Schönheitsmal, den schwarzen Stein, küssen zu können. Unter den persischen Dichtern war es vor allem Khaqani (gest. 1199), der diese Symbolik in seinen Pilgergedichten verwendet hat. Aber sagt nicht auch die Volksfrömmigkeit, daß die Kaaba am Ende der Zeiten als Braut zum Felsendom in Jerusalem kommen werde? Diese Symbolik hat sich bis heute gehalten, wie eine kürzlich erschienene amerikanische ethnologische Studie zeigt, und wenn man einmal auf das Motiv aufmerksam geworden ist, lassen sich ungezählte Vergleiche zwischen Pilgerfahrt und Reise zur Geliebten, zwischen verschleierter Braut und verhüllter Kaaba in der Dichtung erkennen.

Ein ganz anderer Aspekt des Motivs der geliebten Braut ist die Verwendung des Ausdrucks »Jungfrauen« für den »Sinn« eines Buches, eines Gedichtes; die unberührten Jungfrauen, nämlich den wirklichen Sinn, den vor dem Verfasser noch niemand enthüllt hat, im geheimen Brautgemach der Rede den »Männern«, das sind die Buchstaben, anzuvertrauen, ist der Wunsch des persischen Mystikers Ahmad Ghazzali (gest. 1126) wie vieler anderer – schon der indo-persische Dichter Abu'l-Faradsch Runi (gest. 1091) suchte einen »frisch aussehenden Gatten« für die Jungfrau »Wort«, und nicht nur Hafiz hat versucht, der »holden Braut des Wortes« die reizenden Locken zu kämmen. Der Urdu-Dichter Sauda (gest. 1781) aber meint, daß seine scharfe Zunge eine Schere sei, um der Braut »Bedeutung« ein passendes Kleid zuzuschneiden.

Bei der in immer weitere Tiefen vorstoßenden Erklärung des Weiblichen spielt Ibn ᶜArabi die wichtigste Rolle. Nicht nur die *nafs* wird bei ihm, wie sonst allgemein, als weiblich gesehen, sondern auch *dhat*, die göttliche Essenz, und so ist für ihn das Weibliche die Form, unter der Gott am besten zu erkennen ist.

Bei Ibn ᶜArabi wird diese Symbolik besonders deutlich in seiner kleinen Sammlung lyrischer Gedichte, die er nach seiner Begegnung mit der schönen und gelehrten Perserin Nizam in Mekka verfaßte. Sie klingen ganz wie normale klassische Liebesverse, doch er fand es erforderlich, den Inhalt in mystisch-philosophischer Weise auszulegen, und so trifft der Leser ständig auf Gleichungen, die auf das Göttlich-Weibliche hinweisen: die »freundlichen Frauen«, die er trifft, als er die Kaaba umwandelt, sind »Engel, die den Gottesthron umkreisen« (wie Sura 39:75 es schildert), und wenn dieser Vergleich auch sonst in einigen der Pilgerfahrt gewidmeten Werken zu finden ist, so hat erst Ibn ᶜArabi die »freundlichen Mädchen« (Gedicht XIX) als »Formen göttlicher Weisheit, durch die das Herz des Gnostikers erfreut wird«, erkannt. »Schöne Frauen« können auch die »helfenden Gottesnamen« sein (Nr. CLIV 2, XXVI 1), während die »anmutigen Frauen« (XXXIX 1) als »göttliche Ideen« erklärt werden; die geliebte Salma aber wird mit einem

Wortspiel als »salomonischer Ort« erklärt (IV 2). Und in doppeldeutiger, kaum zu übersetzender Erklärung sagt der große Andalusier:

> *Ich beabsichtige durch es (das Gedicht) nur sie (d.i. den Buchstaben ha, das weibliche Pronomen), ich habe keine Verbindung außer mit ihr, da meine Verbindung mit der Welt der Phänomene ganz und gar um ihretwillen besteht, weil sie sich dort offenbart.* (XIII 10)

In der Tat drückt dieser gelehrte Satz Ibn ᶜArabis Stellung vorzüglich aus, denn er schreibt über sein Verständnis des Göttlichen:

Gott kann nicht getrennt von der Materie gesehen werden, und Er wird vollkommener in der menschlichen Materie als in irgendeiner anderen gesehen, und vollkommener in der Frau als im Mann. Denn er wird gesehen entweder unter dem Aspekt des agens oder dem des patiens oder als beides gleichzeitig. Deshalb, wenn ein Mann Gott in seiner eigenen Person im Hinblick auf die Tatsache betrachtet, daß die Frau aus dem Mann entstanden ist, so kontempliert er Gott unter dem Aspekt des agens, und wenn er nicht darauf achtet, daß die Frau aus dem Mann entstanden ist, so betrachtet er Gott unter dem Aspekt des patiens, weil er als Geschöpf Gottes absolut patiens in seiner Beziehung zu Gott ist. Aber wenn er Gott in der Frau betrachtet, so betrachtet er Ihn sowohl als agens als auch als patiens. Gott, in der Gestalt der Frau manifestiert, ist agens dank der Tatsache, daß Er völlige Macht über die Seele des Mannes hat und den Mann dazu veranlasst, sich Ihm ganz und gar hinzugeben und zu unterwerfen, und Er ist auch patiens, weil, wenn Er in der Gestalt der Frau erscheint, Er unter der Kontrolle des Mannes ist, und seinen Befehlen unterworfen. Daher bedeutet Gott in der Frau zu sehen Ihn in beiden diesen Aspekten zu sehen, und eine solche Schau ist vollkommener, als Ihn in allen anderen Formen zu sehen, in denen Er sich manifestiert.

Hin und wieder spiegeln sich solche Gedanken auch in Rumis Werk, wie in jener Geschichte (M I 2436), wo der Dichter von einer ziemlich kritischen Bewertung der Frauen aufgrund eines Prophetenwortes plötzlich ein ganz anderes Bild heraufbeschwört und singt:

Sie ist ein Gottesstrahl, ein »Liebchen« nicht,
ist schöpferisch, man meint fast: ungeschaffen.

Kurz zuvor hatte er von der Entrückung des Propheten gesprochen und bemerkt:

In der Nacht der Entrückung durfte Muhammads heiliger Geist die Hände der Braut küssen (M I 1991)

setzt aber vorsichtig hinzu:

Tadele mich nicht, wenn ich Gott »Braut« nenne!

Aber man erkennt eine solche Vorstellung auch in seiner Behandlung des mystischen »Zustandes«, *hal,* und des längerwährenden Standortes, *maqam,* »Standort«, wenn es heißt:

Der hal ist die Entschleierung der schönen Braut,
der maqam ist das Alleinbleiben des Königs mit der Braut,

d.h. im *hal* wird dem Mystiker für einen kurzen Augenblick die Schönheit des göttlichen Geliebten bewußt; im *maqam* kann er dann auf längerwährende Enthüllungen, auf seelische Einigung, hoffen (M I 1435).

In Rumis Werk sind solche Gedanken verstreut und werden, wie so oft bei ihm, eher unsystematisch hin und wieder angeschlagen, während Ibn ʿArabi dieses Zusammenspiel des Männlichen und Weiblichen überall findet; man fühlt sich an uralte Mythen des androgynen Schöpfergottes erinnert. Das – wie man sagen möchte – *yang*- und *yin*-Prinzip ist überall zu bemerken, und nicht nur Ibn ʿArabi, sondern ungezählte Muslime haben die Dualität, die sich aus der Absoluten Einheit des *deus absconditus* zeigt, unter den Formen von *dschamal*, Schönheit, und *dschalal*, Macht, gesehen oder als *lutf*, Huld, und *qahr*, Gewalt – Worte, die Rudolf Ottos Unterscheidung des *mysterium tremendum* und des *mysterium fascinans* vorausnehmen. Und deutet nicht auch das schöpferische Wort *kun*, »Sei!«, das im Arabischen aus zwei Buchstaben, *kn*, besteht, auf diese zweifache Manifestation des Einen hin? Herzschlag und Atem, Sonne und Regen, Gesundheit und Krankheit weisen alle auf dieses Geheimnis, ohne das das Leben, wie wir es kennen, unvorstellbar wäre. Und Tag und Nacht sind gleichermaßen voneinander abhängig; wenn das persisch-türkische Sprichwort sagt: »Die Nächte sind schwanger«, so wird man unwillkürlich an den Mythos von dem Hervorgehen der Schöpfung aus der All-Nacht erinnert.

Aus dem Wissen um die zentrale Rolle der weiblichen Komponente des Göttlichen hat Ibn ʿArabi das Wort des Propheten über seine Liebe zu Frauen ausgelegt, aber auch seine Gedanken über die geschlechtliche Liebe deutlich ausgesprochen. In dieser Hinsicht – mit durchaus konkreten Darstellungen – haben spätere mystische Schriftsteller seine Gedanken ausgearbeitet, und die Mysterien der körperlichen Beziehung zwischen Mann und Frau beschrieben. Ein typisches Beispiel ist das von Sachiko Murata analysierte Werkchen des Kaschmirer Sufis Yaʿqub Sarfi (gest. 1594), der aus der »religiösen« Erfahrung der körperlichen Liebe auch die Notwendigkeit der

Vollwaschung nach dem Liebesakt erklärt: bei dieser höchsten ekstatischen Freude, die man sich vorstellen und erleben kann, ist der Geist mit den Manifestationen des Göttlichen so sehr beschäftigt, daß er keine Beziehung zum Körper mehr hat, und durch die Waschung wird der geradezu zum Leichnam gewordene Leib wieder zum normalen Leben zurückgeführt. Freilich weiß Sarfi (und andere Mystiker der Ibn ᶜArabi-Schule dürften ihm dabei zustimmen), daß solche Art der vergeistigten Liebeseinigung nur den Auserwählten vorbehalten ist; für gewöhnliche Menschen gilt das nicht. Und seine Darstellung erinnert den Leser fast an tantrische Riten – vielleicht haben sich in sein Werk einige Gedanken des in Kaschmir verbreiteten Shivaismus oder des Tantrismus eingeschlichen. Bei einem aus Farghana stammenden Mystiker, dem 1543 verstorbenen Kasani, finden sich ähnliche Ideen über das »Mysterium der Ehe«. War nicht Eva geschaffen, damit »Adam bei ihr ruhen soll«, wie der Koran (Sura 7:189) sagt? Sie war das göttliche Geschenk, um ihn in seiner Einsamkeit zu trösten, die Manifestation jenes göttlichen Ozeans, den er verlassen hatte – daher ihre Größe. Das Göttliche, wie Ibn ᶜArabi empfand, offenbart sich am schönsten im Weibe.

Die Bräute Gottes

In Ibn ᶜArabis Ideenwelt wird die Frau zum höchsten, sublimen *Objekt* männlicher Sehnsucht, wird zur Verkörperung des Göttlichen, das in sich aktive und passive, männliche und weibliche Züge trägt. Aber kann nicht eine solche »sophianische« Haltung zum Weiblichen in den Händen und Seelen weniger hochstehender Männer auch zu einer Unterwerfung der Frau führen, sobald die geistige Komponente nicht mehr, oder noch nicht, erkannt wird?

Es gibt noch eine andere Möglichkeit, der »Frau« ihre Würde wiederzugeben, ja, sie auf andere Weise zum idealen »Gottesmann« zu formen. Denn ist nicht die Seele auch ein suchendes, sehnsüchtiges *Subjekt*, charakterisiert durch immerwährendes Wandern, um den Pfad zu beschreiten, der sie, wenn auch durch Qualen und Heimsuchungen, zum göttlichen Geliebten führt?

»Sehnsucht ist die weibliche Seite der Liebe, der Becher, der darauf wartet, gefüllt zu werden«, schreibt Lleewelly Vaughan Lee und rührt damit ein, wie mir scheint, zentrales Thema des Komplexes »Frau und Sufismus« an. Es wäre nämlich verkehrt, hier nur von der aktuellen Rolle der Frau in der Mystik zu sprechen, die Namen der großen Mystikerinnen aufzuzählen, die im Laufe der Jahrhunderte in der islamischen Welt bezeugt sind, oder nur an die Ehrfurcht vor der Mutter, der alten Frau zu denken, die ein ständig wiederkehrendes Thema in der Literatur ist. Ist es nicht so, daß »nur Frauen wirklich Liebe erfahren können, jene reine Devotion, die sie verbrennt, ohne

Hoffnung auf Erfüllung«? so fragt Ed. Dimock in einer Studie über die Mystik im (zugegebenermaßen hinduistischen) Bengalen.

Es ist eine alte Vorstellung, daß Eva, aus Adams Rippe geschaffen und damit Teil von ihm, sich wieder nach dem ungeteilten Ganzen sehnt, und vielleicht ist die Sehnsucht des Teiles nach dem Ganzen größer als die des Ganzen nach dem entrissenen Teilstück. Man kann an gnostische Vorstellungen von der Spaltung des Urprinzips in den himmlischen männlichen und den irdischen weiblichen Teil denken; die weibliche Seele wird im Dunkel der Welt verloren, verführbar, gibt sich den niederen Aspekten hin, wie es die Nag Hammadi Texte andeuten, und doch sehnt sie sich nach ihrem eigentlichen Herrn, mit dem sie wiederum das einst verlorene und verspielte Glück der Einheit erleben kann. Nicht umsonst spricht die Gnosis vom geheimen Sakrament des Brautgemaches, und Jahrhunderte später sollte Rumi davon singen, daß zu dem Liebesgemach, wo sich die Seele und ihr Geliebter vereinen, niemand Zutritt hat als der Eunuch »Kummer« (D 1405), wenn die Seele ihre Liebesspiele mit dem göttlichen Geist erlebt (D 195).

Wie könnte die »Dame Seele«, die im Schloß des Leibes wohnt, es dort aushalten, wenn der Geliebte ruft?

Die Dame Seele, die im Schloß des Leibes saß,
tat ihre Schleier ab und lief aus Liebe fort! (D 1198)

Rumi hat auch den mythischen *hieros gamos* in seiner Dichtung wiederbelebt:

Du bist der Himmel, ich die Erde staunend:
Was läßt Du immer neu im Herzen wachsen?
Was weiß die Erde, was Du in das Herz ihr
gesät? Du weißt's; von Dir ist sie ja schwanger! (D 3048)

107

Denn, wie er an anderer Stelle, viele Jahre später, sagt:

Der Himmel ist männlich und die Erde das Weib;
was er hineinwirft, das bringt Frucht.

Im ›*Mathnawi*‹ (M III 4401-4404) spricht Rumi davon, daß alles seinen Gefährten sucht, wie Eisen und Magnet, wie Bernstein und Stroh, wie Himmel und Erde; und nur solch eine Vereinigung kann Höheres erzeugen. Und wenn bei ihm die Einigung der Seele mit Gott durch menschliche Liebeseinigung symbolisiert wird, so steht hier, anders als bei Ibn ᶜArabi, eher der weibliche Aspekt der Seele im Mittelpunkt, nicht so sehr die Rolle der Frau als ideales Liebesobjekt. Rumis Vater, Baha-i Walad, dessen Gedanken und Gefühlen der große Mystiker sicher am tiefsten verpflichtet ist, schreibt:

So wie die Braut bei ihrem Gatten und der Gatte bei seiner
Braut alle verborgenen Stellen und die pudenda des Anderen
sehen und miteinander vergnügt und kühn und furchtlos
sind – so, wenn Er alle deine verborgenen Stellen und Scham-
stellen sieht, wirf dich lang vor Gott hin, ohne Scheu.

Klingt das nicht in seines Sohnes Zeilen nach:

Mit Dir bin ich am liebsten nackt,
werf' ab des Leibes Kleid
Daß Deiner Gnade Schoß zum Rock
für meine Seele wird (D 551)?

Diese Bilder müssen bei den Sufis recht verbreitet gewesen sein, denn fünf Jahrhunderte nach Rumi schreibt Muhammad Nasir ᶜAndalib in Delhi (gest. 1758) in seinem mystischen Roman ›Nala-i ᶜAndalib‹ (Die Klage der Nachtigall), daß die

Braut im Augenblick, da der Gatte ihren Leib durchbohrt, ihn als den mächtigen Herrn erkennt und seine furchtbare Majestät begreift, während sie vorher nur seine Güte gekannt hatte. Er aber erklärt ihr, daß seine scheinbare Grausamkeit nichts anderes ist als ein Zeichen überwältigender Liebe, die sich in der »nackten Einigung« zeigt.

Erinnern die Worte ᶜAndalibs nicht an Berninis Statue der Heiligen Teresa, die, von einem Pfeil durchbohrt, den Ausdruck höchster ekstatischer Beglückung trägt? (Das Pfeilmotiv ist ja fast überall mit der Liebe verbunden, sei es bei Amor, sei es im Hinduismus bei Kama; denn die letzte Erfahrung, körperlich wie geistig, ist immer ein »beseligender Schmerz«). Besonders im indischen Subkontinent ist eine echte Brautmystik entstanden, in der die Seele, dem göttlichen Geliebten seit dem Ur-Vertrag (Sura 7:172) verbunden, auf die Hochzeit wartet, die in volkstümlichen Sängen mit allen Details des Festes beschrieben wird: Decken werden ausgebreitet, köstliche Speisen bereitet, Rosenwasser wird ausgegossen.

Doch nicht nur die Vereinigung der Seele mit Gott wird unter dem Bild der körperlichen Vereinigung dargestellt, sondern auch die innige Verbindung zwischen Meister und Jünger ist, wie es im persischen Sufismus heißt, eine »geistige Hochzeit«, *izdiwadsch ruhani*.

Werden nicht auch die Gottesfreunde als »Bräute Gottes« bezeichnet, die von niemand, als den ganz nah Verwandten erblickt werden können? So stellt es der große nord-iranische Mystiker Bayezid Bistami (gest. 874) fest. In Ibn ᶜArabis System sind diese Bräute freilich eine ganz bestimmte Kategorie von Heiligen, die *afrad*, »Einzelnen«, die Gott unter dem Schleier des Tadels verborgen hat, so daß sie sich in keiner Weise von gewöhnlichen Menschen unterscheiden, ja sogar als scheinbare Feinde auftreten können.

Doch ist es gerade der Gedanke an die Brautseele, deren einziger Geliebter Gott ist, der dazu geführt hat, den Tod als ^c*urs,* »Hochzeit« zu bezeichnen – eine geistige Hochzeit, in der die Seele wieder in die ungetrennte Einheit mit dem urewigen Geliebten zurückgeführt wird.

> *Klaget nicht:* »*Abschied ach Abschied*«,
> *wenn ihr ins Grab mich geleitet!*
> *Ist mir doch selige Ankunft*
> *hinter dem Vorhang bereitet,*

singt Rumi.

Alles, was von Gott getrennt, aus der Ur-Einheit durch den Schöpfungsakt in Raum und Zeit geworfen ist, sehnt sich nach dem Ganzen: in der indo-pakistanischen Ismaili-Dichtung kann die *virahini,* die sehnsüchtige Frau, zum Symbol der von Gott getrennten Schöpfung werden.

Um diesen Gedanken der weiblichen Sehnsucht und Rezeptivität ganz zu verstehen, sollte man auch die Symbole einmal näher betrachten, wie sie von Dichtern und Mystikern verwendet wurden, um die Beziehung zum geliebten Wesen anzudeuten.

> *Wenn du einen Geliebten siehst,*
> *so sitze vor ihm wie ein Spiegel!*

heißt es bei Rumi. Der Spiegel aber hat eine wichtige Funktion in der Religionsgeschichte: in der japanischen Religion ist er das Attribut der Sonnengöttin Amaterasu, ist also mit einer weiblichen Gottheit verbunden. Damit wird er auch zum typisch weiblichen Gerät, denn seine einzige Aufgabe ist es, das Bild des Geliebten aufzunehmen, ohne etwas Eigenes hinzuzufügen. Spiegel gehörten im alten Ägypten zu den Grabbeigaben, durch sie sollte der Sonnenstrahl bei seinem Weg durch die Unterwelt eingefangen und bewahrt werden; und in manchen Kirchen (etwa in der Heiligtumsfahrt in Aachen) pflegte man in kleinen Spiegeln die Reliquien »aufzufangen« und »mitzunehmen«. So soll auch das menschliche Herz, durch weltliche Gedanken und Taten getrübt, durch ständiges Gottgedenken vom Rost, vom Grünspan irdischer Beziehungen poliert werden (mittelalterliche Spiegel waren ja aus Metall), um das Gotteslicht aufzufangen – wenn nun die Dichter, und hier wiederum am häufigsten Rumi, die Geschichte erzählen, daß ein Gast dem schönen Yusuf, der Manifestation göttlicher Schönheit, kein anderes Geschenk als einen Spiegel bringen kann, damit er seine eigene Schönheit bewundere, so ist die Rolle des sehnsüchtigen, aufnahmebereiten Herzens klar.

Der Gedanke der Widerspiegelung des herabstrahlenden göttlichen Lichtes durch die Welt, aus der die Reflexion wieder in die Höhen steigt, gehört zum neuplatonischen Gedankengut, und damit erklärt sich, weshalb die Sufis, vor allem in der Nachfolge Ibn ᶜArabis, diese geschaffene Welt mit einem Spiegel vergleichen: das relative Nichtsein, das weibliche Element, wird zum Spiegel, in dem sich die im Schöpfungsaugenblick aus dem *deus absconditus* hervorbrechenden Gottesnamen zeigen können. Erst durch das Licht dieser Namen erhält das relative Nichtsein eine kontingente Existenz; es würde verschwinden, wenn der Glanz der Namen von ihm genommen würde, d.h. wenn der Spiegel versuchte, ohne göttlichen Aufglanz eine eigene Existenz zu postulieren. Es ist die Gott zugewandte Seite der Schöpfung, durch die man ein wenig von der Herrlichkeit des Schöpfers »wie durch einen Spiegel« ahnen kann – zumindest diejenigen, »die Augen haben zu sehen«.

Die mittelalterlichen Sufis arbeiteten dieses Bild aus: die antiken Metallspiegel hatten oft eine Rückseite mit reicher Dekoration (oft mit astronomischen oder weltbezogenen Motiven), und so konnte man diejenigen, die sich nur um diese Welt kümmern, mit Toren vergleichen, die sich an der ornamentierten Rückseite des Spiegels erfreuen, ohne seinen wirklichen Sinn, die Reflektion der göttlichen Schönheit, zu erkennen oder auch nur davon zu wissen. Maulana Rumi nimmt das berühmte, auch von Ibn ᶜArabi in den Mittelpunkt seines Schöpfungsmythos gestellte außerkoranische Gotteswort auf, in dem Gott zu David sprach:»Ich war ein verborgener Schatz und wollte erkannt werden, deshalb schuf Ich die Welt!«

Ich schuf einen Spiegel, dir deutlich:
sein Antlitz: das Herz, Rücken die Welt,
doch kennst du das Antlitz, mein Freund, nicht,
der Rücken dir besser gefällt!

singt Rumi in einem seiner Vierzeiler.
Deshalb macht der ideale Liebende sein Herz zum blank polierten Spiegel, in dem er den Geliebten findet, der ihm nun näher ist als er selbst:

Ein Leben lang hört' ich von ferne Ihn,
im Traume nur zog an die Brust ich Ihn.
Jetzt, da als Spiegel nur ich vor Ihn trat,
sah Er sich selbst, nicht ich erschaute Ihn,

heißt es in Mir Dards persischen Vierzeilern.
Ist das Herz des Liebenden nicht auch wie reines Wasser, das weibliche Element, das als Spiegel dient? Nicht umsonst haben die Mystiker aller Religionen das Gleichnis vom Mond verwendet, der sich in jedem Wasser spiegelt, sei es der weite Ozean, sei es eine kleine Pfütze: sein Aufglanz kann in jeder Seele erscheinen, wenn auch nur schwach und verzerrt:

Und mein Herz ist wie Wasser, ganz ungetrübt und rein,
Und Mondes Spiegelträger ist Wasser in der Tat

singt Rumi. In seinen ›*Sawaniḥ*‹, den »Aphorismen über die Liebe«, hatte Ahmad Ghazzali das Mysterium der Spiegelung angedeutet, und in der gesamten mystischen Dichtung ist der Spiegel, jenes weibliche Instrument, das beliebteste Bild für die Vereinigung von Liebendem und Geliebtem, das heißt, daß unterschwellig das geliebte Wesen in zahlreichen Fällen, vielleicht ganz unbewußt, als weiblich empfunden wird, als rezeptive, sehnsüchtige Brautseele.

Der Spiegel ist jedoch nicht das einzige Symbol der aufnahmebereiten Frauen-Seele. Andere Bilder gehören ebenfalls in diesen Zusammenhang, so das der Musikinstrumente, das vor allem in der musikbewegten Poesie Rumis erscheint. Es ist kein Zufall, daß das ›*Mathnawi*‹ mit dem ›Lied der Rohrflöte‹ beginnt, denn die Flöte, einstmals im phrygischen Kult bei der Epiklese der Gottheit verwendet, ist das schönste Symbol der Seele, die, von ihrem Urgrund getrennt, immer von der Sehnsucht nach der Urheimat singt:

Ich such ein Herz, von Trennungsleid zerschlagen,
um meiner Sehnsucht Schmerzen ihm zu sagen.

Rumi wußte, daß er einer Flöte glich, die nur singen kann, wenn der Hauch des Geliebten sie berührt: nur wenn »jener eine, jener Türke« in ihn haucht, kann er sprechen, von der Sehnsucht nach der Heimat singen. Die anderen Instrumente werden ebenfalls nur dann eloquent, wenn die Hand des Geliebten sie berührt, und obgleich deren Symbolik nicht ganz so klar ist wie bei der Flöte und dem Riedbett, aus dem sie geschnitten ist, trifft doch auch das Bild der Harfe, der Laute, der Rabab auf die sehnsüchtige Seele zu. Könnten sie klingen, wenn die Finger des Geliebten sie nicht berührten, streichelten oder auch schlügen? Und Rumi bittet den Geliebten, ihn, die kleine Trommel, nicht zu hart zu behandeln, nicht mit Fäusten zu malträtieren. Man kann sagen, daß diese gesamte Bildwelt, »der Mensch als Instrument« (manchmal bis ins einzelne ausgearbeitet, so daß die Nerven oder Adern zu Saiten werden) ebenfalls der femininen Sphäre angehört.

Und man kann noch an ein anderes Lieblingsbild der Mystik denken, das ist das von Flamme und Falter – ein Gleichnis, das uns aus Goethes ›Seliger Sehnsucht‹ bekannt ist, aber auf ein Kapitel aus dem ›*Kitab at-tawasin*‹ des Märtyrermystikers al-Halladsch (hingerichtet 922) zurückgeht. War der Falter nicht schon im klassischen Altertum ein Symbol der Seele, der Psyche, die im Tode davonschwebt? In Halladschs Gleichnis aber nähert sich der Falter der Kerzenflamme der göttlichen Schönheit so weit, bis er mit dem Feuer verschmolzen, in ihm ganz entworden ist.

Gewiß, all dies sind Bilder, Symbole, die oft in uralte mythische Vorstellungen hineinreichen, aber sie recht zu lesen, hilft uns, den tieferen Sinn mancher Aussagen der Mystiker besser zu verstehen. Der sehnsüchtige Mystiker ist, ob er es rational weiß oder nicht, eine »weibliche« Gestalt, und bei keinem ist das so deutlich zu erkennen wie bei Rumi, so seltsam das für den Leser klingen und sicher von vielen als absurd angesehen wird. Natürlich verwendet er in theologischen und theoretischen Versen oftmals die zu seiner Zeit immer wichtiger werdende Fachsprache Ibn ᶜArabis, aber in seinem eigenen Leben hat er das Geheimnis des Empfangens, der Inspiration erlebt wie kaum ein anderer; der *hieros gamos* findet sich zwischen dem Geliebten, dem Himmel, und ihm selbst, der auf Befruchtung wartenden Erde, und dreimal taucht das Thema des reinen Spiegels als Geschenk für Yusuf in seinem

Werk auf. Es ist in der Tat das Yusuf-Zulaikha-Motiv, das Rumi auf sich und seine Liebe angewendet hat. Zu Beginn des ›Mathnawi‹ fragt ihn nämlich sein Jünger Husamuddin – »der den Duft des Hemdes gefunden hat« (d.h. von Rumis erstem Geliebten, Schamsuddin, gehört hat) nach eben diesem »Yusuf«, aber Maulana warnt den geliebten Jünger, nicht mehr nach dem ersten Geliebten zu fragen, denn:

Des Freunds Geheimnis möge niemand lichten –
du horche auf den Inhalt der Geschichten.
In Märchen, Sagen aus vergangnen Tagen,
läßt sich des Freunds Geheimnis besser sagen.

Und in all den mehr als 25.000 Versen des großen Lehrgedichtes kommt Schamsuddins Name nirgendwo vor. Kurz vor dem Ende des ›Mathnawi‹ jedoch – und das heißt kurz vor Maulanas Lebensende – nimmt der Dichter noch einmal die Geschichte von Yusuf und Zulaikha auf, nachdem sowohl seine frühe Lyrik als auch das ›Mathnawi‹ zahllose Anspielungen auf jenen Freund enthalten, dessen »Schönheit die Yusufs um ein Vielfaches übersteigt«. Dann aber, gegen Ende des letzten Buches des großen Werkes wendet Rumi sich zu Zulaikha und beschreibt ihr Dasein in unvergeßlichen Versen: was immer sie sagt, bezieht sich auf Yusuf:

Zulaikha, sieh, gab allem – von der Raute
bis hin zur Aloe – den Namen »Yusuf«.
In allen Namen barg sie seinen Namen –
Nur den Vertrauten tat sie dieses kund.
Und wenn sie sprach:»Das Wachs ward weich vom Feuer«,
so meinte sie: »Der Freund war lieb zu mir.«
Und wenn sie sprach:»Schaut, wie der Mond dort aufgeht!«
Und wenn sie sprach:»Grün ward der Weidenzweig.«

Und wenn sie sprach: » *Wie doch die Blätter zittern!* «
Und wenn sie sprach: » *Wie schön die Raute brennt!* «
Und wenn sie sprach: » *Mit Rosen sprach der Sprosser!* «
Und wenn sie sprach: » *Der Fürst enthüllt Geheimes.* «
Und wenn sie sprach: » *Das Glück, wie herrlich strahlt es!* «
Und wenn sie sprach: » *Klopft mir den Teppich aus!* «
Und wenn sie sprach: » *Der Träger brachte Wasser.* «
Und wenn sie sprach: » *Die Sonne, seht, ging auf!* «
Und wenn sie sprach: » *Sie kochten gestern Speise* «,
Und wenn sie sprach: » *Gemüse ist jetzt gar!* «
Und wenn sie sprach: » *Es fehlt dem Brot am Salze!* «
Und wenn sie sprach: » *Der Himmel läuft verkehrt!* «
Und wenn sie sprach: » *Mir tut der Kopf so weh jetzt!* «
Und wenn sie sprach: » *Mein Kopfweh ist vorbei* « –
Und wenn sie lobte, hieß es » *Sein Umfangen* «,
und wenn sie tadelte, hieß » *Trennung* « *es;*
Und wenn sie hunderttausend Namen häufte –
sie meinte Yusuf, wollte Yusuf nur.
War hungrig sie und sagte seinen Namen,
so ward sie satt, berauscht von seinem Becher,
Pelzmantel war er ihr zur Zeit der Kälte –
das tut des Freundes Name in der Liebe!

Dies aber ist die Auflösung des Verses, der 17 Jahre zuvor geschrieben wurde:

In Sagen, Märchen aus vergangnen Tagen
läßt sich des Freunds Geheimnis besser sagen.

Alles, was er in den vorausgehenden Tausenden von Zeilen gesagt und erzählt hat, ist nichts als die Umschreibung seiner Liebe zum ersten wahren Geliebten, zu Schams, durch den sich ihm die Gottesglorie manifestiert hatte (so sehr auch

Husamuddin auf dem irdischen Plan als »Sonnenlicht«, *zia*, wirken mag, bleibt er doch eine Ableitung der Sonne, Schams).

Rumi kannte Zulaikhas Geheimnis, die brennende Sehnsucht der weiblichen Seele, und es war der Name des ersten Geliebten, der ihn ebenso tröstete und ernährte, wie Yusufs Name Zulaikha gewärmt und gestärkt hatte, und das bei ᶜAttar angedeutete Geheimnis der Verjüngung Zulaikhas (s.o.S. 66) klingt daher auch in Rumis Vers wider:

Gram um ihn machte mich alt
Kummer und Jahre ohn' Glück –
Doch wenn du Schamsuddin nennst,
kehrt meine Jugend zurück!

Die Seelen-Frauen
der indo-pakistanischen Dichtung

Gott, so groß ist wie Dein Name
mein Vertraun in Deine Huld!
Schöpfer! Weder Zahl noch End hat
Deine ewige Geduld!
Deinen Namen, o Herr,
hab in mein Herz ich gelegt.

Gott, so süß Dein Name ist,
so groß ist mein Hoffen:
Keine Tür gleicht Deiner Tür –
viele sah ich offen.

Löse nicht, o Liebender,
Deinen Bund mit dieser Armen!
Keine Rettung außer Dir
hat die Elende – Erbarmen!
Stets greif ich mit beiden Armen
Deinen süßen Namen nur!

So singt eine der Heldinnen in Schah Abdul Latifs' Sindhi *Risalo* und nimmt damit gewissermaßen Zulaikhas Worte auf; der Name des Geliebten erfüllt sie ganz und gar. Und wenn Zulaikha in der persisch-türkischen Literatur – bewußt oder unbewußt – zum Modell für alle sehnsüchtigen Seelen-Frauen geworden ist, so wird dieses Thema zentral in der mystischen Poesie des indischen Subkontinents. Man kann vermuten, daß die indischen Vorstellungen von Krischna und seinem Spiel mit den Gopis, den Kuhhirtinnen, bei dieser Entwicklung eine Rolle gespielt hat: die Gopis erblicken den sich ihnen entziehenden und sie immer wieder faszinierenden Gott ja jeweils unter der Gestalt, die sie ersehnen. Und Radha, die auserwählte Seele, genießt nach Zeiten der Sehnsucht und der Einsamkeit am Ende die erhoffte Vereinigung mit dem Geliebten. Zu dieser Tradition kommt die Rolle, die das Motiv der Seelenbraut, *virahini*, in der volkstümlichen indischen Literatur spielt; die *barahmasa*-Gedichte – oft illustriert – beschreiben die Gefühle einer jungen Frau oder Braut, die sich nach ihrem Gatten oder Geliebten sehnt. Diese Bilderwelt konnte zu einer besonders faszinierenden Entwicklung der sufischen Dichtung im Subkontinent führen, weil sie sich vorzüglich mit der traditionellen Rolle der Frau als *nafs*-Symbol vereinen ließ.

Sowohl die mystischen Sänger im Industal und dem Fünfstromland als auch die Sufis, die sich seit dem 14. Jahrhundert im Süden des indischen Raumes, im Dekkan niedergelassen hatten, nahmen das Motiv der Seelen-Frau in den verschiedensten Variationen auf. Im Dekkan war es vor allem das Gebiet von Bidschapur, seit 1490 Hauptstadt der Adilschah-Dynastie, wo sich schon früh Meister der beiden wichtigsten Sufi-Orden, der indischen Tschischtis und der Qadiris, niedergelassen hatten. In der Literatur, die dort vom 15. Jahrhundert an entstand, wird Gott als »Meister«, »Vater«, aber auch als »Liebender«, *muhibb*, und »Geliebter«, *mahbub*, angeredet, und die Werke, die Mirandschi mit dem Beinamen *Schams ul-ᶜuschschaq*, »Sonne der Liebenden« im 15. Jahrhundert im heimischen Dakhni-Urdu verfaßte, nehmen das Thema der Seelen-Frau auf; sein *Khusch* und *Khuschnaghz* erzählen von einem frommen jungen Mädchen, das die Welt aufgibt, um sich dem geistigen Leben zu widmen, und sein

Nachfahr, Burhanuddin Dschanam (gest. 1579) hat in seinem *Suk'h sahela* das Thema der Brautseele erstmals ausführlicher in einem epischen Gedicht dargestellt. Ob sich die Zuschreibung ähnlicher Verse an den großen Heiligen des Dekkan, den 1422 als Hundertjähriger verstorbenen Gesudaraz von Gulbarga, aufrechterhalten läßt, ist zweifelhaft.

Neben solchen größeren, höheren literarischen Ansprüchen genügenden Werken entwickelte sich aber auch eine lyrische Tradition, die zum Ziel hatte, die Lehren der Mystik – und das heißt vor allem der Liebesmystik – ins Volk zu tragen, und Verse solcher Art wurden sicher auch von den Dorffrauen gesungen, die sich mit der hart arbeitenden, sehnsuchtserfüllten Seele identifizieren konnten.

Dabei sind vor allem zwei Liedtypen zu erwähnen; das *tschakkinama* und das *tscharkhinama*.

Der *tschakki* ist der Mühlstein, mit dem die Frau täglich alles Mehl für die Hauptnahrungsmittel, die flachen *tschapathis*, mahlen muß. Hier konnte der senkrechte Griff der Mühlsteine mit dem *alif* verglichen werden, dem ersten Buchstaben des arabischen Alphabets, das die Form eines senkrechten Striches hat. Das *alif* ist aber auch, als erster Buchstabe des Alphabets mit dem Zahlwert 1, das Symbol für den einen und einzigen Gott. Daran soll sich die Frau halten und beim Mahlen immer Gottes gedenken. Die Achse, um die sich der Stein dreht, entspricht dem Propheten Muhammad, der die göttliche Botschaft erhalten und weitergegeben hat.

Diese einfachen Gleichnisse konnten je nach Talent des Dichters ausgearbeitet werden. Und nicht nur der Akt des Mahlens wird symbolisch ausgedeutet, sondern hin und wieder auch das Backen.

Die Hausfrau soll wirken, als ob sie *Puris*, gefüllte Teigtaschen, aus dem frisch gemahlenen Mehl, bereitet:

Der Griff des Mühlsteins gleicht dem A – das heißt Allah.
Die Achse ist Muhammad, die ist fest daran,
Der Gott-Sucher sieht so die Verbindung
    Im Namen Gottes, hu, hu, Allah!
Wir legen das Korn auf den Mühlstein,
was unsere Hände bezeugen;
Des Körpers Mühle geht richtig
wenn sie der Scharia folgt
    Im Namen Gottes ...
Der Name Gottes kommt vom A –
Die Seelenführer können recht uns leiten.
Du mahl' das Korn und siebe es
    im Namen Gottes...
Knete das Mehl, mach gefüllte Puris!
Füll sie mit Himmelsfrucht und Zucker –
Die sieben Eigenschaften Gottes
müssen den Körper füllen,
wie die sieben Zutaten die Puris, Schwester!
    Im Namen Gottes...

Wie sich ein solches Bild mühelos in das Alltagsleben der Frauen einfügen konnte, so auch das Spinnen. In allen Kulturen scheint Spinnen eine gesellige Beschäftigung der Frauen zu sein, die dabei schwatzen oder singen. Und obgleich mystische Spinnlieder auch in Südindien vorkommen, wurden sie doch noch wichtiger in Sind und dem Pandschab – Gebieten, wo seit altersher Baumwolle angebaut wurde. Dazu kam, daß zumindest unterbewußt das Spinnen und Baumwollhecheln die Mystiker auch an Halladsch erinnerte, den großen Mystiker, der seine überbordende Liebe (und seine politischen Aktivitäten) 922 mit dem Leben bezahlen mußte. Sein Name bedeutet »Baumwoll-Hechler«, und die Sufis sprachen manchmal von Halladschs Garn, so daß diese Vorstellung wohl auch ein wenig zur Beliebtheit der Spinnlieder beigetragen hat. Aber Bullhe Schah weist auch darauf hin, daß die frisch geerntete Baumwolle weiß ist, und erst beim Spinnen, Färben und Weben werden Struktur und Farbe geändert – so ist es auch mit Gott, der, »einfarbig«, allem unterliegt. Andere Sufis, wie der Sindhi-Naqschbandi-Meister Muhammad Zaman Lunwari, sahen die Welt gern als Garn, das der Baumwolle »Gott« entstammt.

Wichtiger aber noch ist die Verbindung des Spinnens mit dem *dhikr*, dem ständigen Gottgedenken, denn der Koran ermahnt ja die Gläubigen »Gedenket Gottes oft« (Sura 33,41 und mehrfach). Das leise Murmeln der Gottesnamen oder einer religiösen Formel ließ sich mit dem Summen des Spinn-rades vergleichen, und genau wie das Garn durch ständiges Spinnen immer feiner wird, so wird auch das Menschenherz durch ständiges Gottgedenken immer mehr geläutert, bis Gott es »zu einem guten Preis kauft« – eine Anspielung auf Sura 9:112, derzufolge Gott die menschliche Seele »kauft«. Das faule Mädchen aber, das sich immer wieder durch äußere Verlockungen vom Spinnen ablenken läßt, wird am Hoch-zeitstage – und das ist der Tod – keine Aussteuer haben, wird nackt und entehrt vor Gott stehen und dann verworfen werden (übrigens spricht der Pandschabi-Dichter Madho Lal Husain auch vom »Färben« der Aussteuer-Textilien, und wer das nicht getan hat, bleibt unverheiratet). Hier spielt sicherlich auch der Gedanke des »Webens der Taten« mit hinein, der in der Religionsgeschichte wohlbekannt ist: jeder Mensch webt aus seinen Gedanken, Worten und Taten ein Gewand für seine Seele. Ein Spinnlied aus Bidschapur arbeitet die Vergleiche ziemlich genau aus:

Stell dir vor, dein Leib ist ein Spinnrad, Schwester!
Wir sollten unsere Nachlässigkeit loswerden
und irdische Unterschiede aufgeben, Schwester!

Der Atem ist der noch nicht gesponnene Faden
für Gottes Botschaft,
die Zunge ist der Riemen für das Spinnrad,
Bring den Faden des Atems hervor und zeige ihn,
Schwester!...

So belehrt der Dichter die Seele über alle Aspekte des Spinnens.

Wenn du die Baumwolle nimmst, sollst du dhikr-i dschali
üben!
(d.h. Gottes mit lauter Stimme gedenken)
Wenn du die Baumwolle auseinanderziehst, sollst du dhikr-i
qalbi üben!
(d.h. den Namen Gottes im Herzen wiederholen)
Wenn du den Faden aufspulst, sollst du dhikr-i ᶜaini üben!
(d.h. dein ganzes Wesen soll im Gottgedenken versunken
sein)
Die Fäden des Atems sollen einer nach dem anderen gezählt
werden, Schwester!
(denn jeder Atemzug soll den Namen Gottes enthalten. Die
Regeln für das Gottgedenken mit Atemkontrolle sind genau
ausgearbeitet)

Spinnlieder im Sindhi und Pandschabi sind weniger gelehrt;
das ausführliche *Sur Kapaiti* des Schah ᶜAbdul Latif bedürfte
einer langen Analyse, und manche Spinnlieder der Pandscha-
bi-Sufis sind voller ekstatischer Ausrufe.

Laß das Spielen, spinn am Spinnrad, Mädchen!
Eil dich, mach' das Brautkleid fertig, Mädchen!
Dröhnt die Spindel, die sich dreht: »O Herrgott!«
Zitternd, in der Furcht des Herrn, o Mädchen!
Und der Spindel Luftzug ist wie Seufzen –
Noch liegt schwere Arbeit vor dir, Mädchen!

Ob aber beim Spinnen oder beim Korn-Mahlen – alle volkstümlichen Lieder zeigen die Frau als Dienende:

Du bist die Dienerin in deines Derwischs Hause –
Sag Allah und den Namen des Propheten
in jedem Atemzug!

Die Frau als »Dienerin« zu sehen, ist nicht nur in vielen Fällen soziologisch richtig, sondern entspricht den theologischen Forderungen, wird doch der Mensch im Koran immer wieder als ᶜ*abd,* »Diener, Sklave«, bezeichnet, dem das weibliche *amat* entspricht. ᶜ*Ubudiyya,* die vollkommene »Dienstbarkeit«, ist das wahre Wesen der Freiheit, sagt der persische Mystiker Quschairi (gest. 1074), und wenn Dienerschaft die wesenhafte Qualität des Menschen ist, so ist der höchste Rang, auf den er hoffen kann, ᶜ*abduhu,* »Sein [Gottes] Diener« zu werden; denn bei diesem Titel wurde der Prophet bei seinen beiden höchsten Erlebnissen benannt; bei der nächtlichen Himmelsreise (Sura 17:1), die ihn in Gottes unmittelbare Gegenwart führte, und bei der in Sura 53 erwähnten großen Vision. Damit kann auch »Dienerin« zur edelsten Bezeichnung der liebenden Seele werden:

Bald verriegelt Er die Pforte;
bald tut Er die Tür mir auf;
manchmal komm ich, komm vergebens,

Dann ruft Er zum hohen Orte;
bald ersehn ich Seinen Anruf,
Bald sagt Er geheime Worte –
Seht, solch ein Wesen
hat Er, mein Freund!

Du ein Fürstensohn, Geliebter,
ich in einer Dien'rin Kleid –
Ohne Grenzen will ich dienen,
steh' gekreuzten Arms bereit.
Hätt' ich Deine Tür verlassen,
Freund, zu irgendeiner Zeit?
Wende den liebenden Blick,
Liebster, doch nie von mir ab!

So besingt Schah ᶜAbdul Latif das Wesen Gottes, dem gegen-
über die Seele nichts tun kann, als still zu warten, bis Er sich
ihr zeigen wird. Und in allen Gesängen aus den Flußland-
schaften Pakistans erscheint der Geliebte als »Herr«, er ist
»Balotsch«, »Radschput«, oder einfach »König«, während die
Liebende immer einer niedrigeren Kaste angehört, Wäscherin,
Töpferstochter oder gar eine Mohanafrau, Angehörige der
Fischer am Indus, ist.

Der Geliebte ist unaussprechlich stolz und schön, und die
liebende Frau singt:

Kämst du einmal, meiner gedenkend, Liebster du,
legt' meine Wimpern ich dir zu Füßen,
breitet' mein Haar auf den Grund.

Das Bild der liebenden Seele durchzieht die gesamte volkstümliche Sufi-Dichtung. Es erscheint auch in den *ginan*, den
heiligen Sängen der Ismaili (Agakhani) Gemeinde im westlichen Subkontinent. So singt die Seele im *Budsch Nirandschan*:

Herr, ich habe weder Schönheit noch Tugend!
Wie könnte ich sagen: »Geliebter, komm in mein Haus?«
Würde ich Dich durch Deine Güte erreichen,
würd ich's feiern, Hochzeitslieder singend.

Wie könnte die arme Seele hoffen, sich mit dem ewig Geliebten
zu vereinen? Sie ruft Ihn immer wieder mit Seinem Namen
sattar, »Bedeckender« an, einem Gottesnamen, der gerade in
bezug auf die Frauen häufig verwendet wird.

Wende dich, Gatte, zum Raum
in meiner, der Elenden, Hütte!
Liebster, mit deinem Saum
decke mich, Liebling, doch zu!

Bedeckt Er nicht alle Fehler der sündigen Frau?
Die Seele wird sogar als *sweeperin* bezeichnet; der *sweeper*
ist der unberührbare kastenlose Diener, der Haus und Latrinen
reinigt, und Bullhe Schah im Pandschab – der selbst manchmal
in Frauenkleidern auftrat – zögert nicht, sich so als elende
Seelen-Frau zu bezeichnen. Und doch wagt der gleiche Dichter, der gern auf die alte Erzählung von dem unglücklichen
Liebespaar Hir und Randschha zurückgreift, den Geliebten
einzuladen, in ihren Hof zu kommen, seinen Saum mit
dem ihren zu verknüpfen und damit die Ehe mit ihr zu
schließen:

Ob ich dir Geliebte –
komm in meinen Hof!
Ich opfre mich ganz dir –
komm in meinen Hof!

Wie dich gibt es keinen!
Ich such in den Dschungeln,
such dich überall –
komm in meinen Hof!
Ich opfre mich ganz dir –
komm in meinen Hof!

Sie nennen dich Kuh-Hirt –
ich sagt zwar Randschha,
doch bist du mein Glaube –
komm in meinen Hof!
Ich opfre mich ganz dir –
komm in meinen Hof!

Verließ meine Eltern,
verknüpft meinen Saum dir.
Sei gnädig dem Sehnen –
komm in meinen Hof!
Ich opfre mich ganz dir –
komm in meinen Hof!

Oft erscheint das Motiv der Eltern oder der Nachbarn, die das
liebende Mädchen tadeln oder schelten (das aus der arabischen
Dichtung bekannte Motiv des »Tadlers« ist hier in realistischer
Weise umgedeutet). Aber was soll die Liebende tun? Der
Pandschabi-Sufi Ali Haidar (gest. 1781) singt, auf das Thema
von *Hir Randschha* anspielend:

Leute sind schon müde, immer mich zu warnen –
Ich wend' mein Gesicht nicht
von dem schönen Freund!
Und wenn meine Eltern aus dem Haus mich werfen –
gern verlaß' das Haus ich
für den lieben Freund.

In den Brunnen werfen will ich, die mir raten!
Ich will in der Wildnis
bleiben bei dem Freund.
Seit sich unsre Augen, Ali Haidar, trafen,
werd' ich mein Versprechen
niemals brechen, Freund!

In den *ginans* finden sich ebenfalls Anspielungen auf die unbotmäßige Haltung des Mädchens, das der Welt entflieht, um beim Geliebten zu sein: In Gudscharat konnte das Mädchen das Haus verlassen, mit einem Wassergefäß auf dem Kopf, und sich zu ihrem Geliebten begeben, der sie dann aufnehmen mußte.

Dieses Bild führt in die Symbolik der Hochzeitslieder. Ein Vergleich der in den Sindhi-Hochzeitsliedern verwendeten Ausdrücke mit denen in der mystischen Literatur läßt zahlreiche Übereinstimmungen erkennen. Das gilt besonders auch für den Volksdichter des Siraiki, einer zwischen Sindhi und Pandschabi stehenden ausdrucksvollen Sprache, nämlich Khwadscha Ghulam Farid (gest. 1901), der seine Seelen-Frau in seinen einfachen Versen um bunte Schals aus Adschmir und Armreifen aus Dschaisalmer bitten läßt; denn seine Heimat, Tscholistan, schließt sich an das jetzt indische Radschastan an. Farids Seelen-Heldinnen sprechen vom Nasenring der verheirateten Frau, den die verlassene Liebende nicht mehr tragen will, von der Färbung des Scheitels, von Lippenfarbe und dem schwarzen Antimon zur Schwärzung der Wimpern; sie sind echte Frauen aus der Tscholistan-Wüste, und auf ein Hochzeitsritual anspielend, läßt er die Heldin eines Gedichtes sagen:

Schon in der Urewigkeit haben wir die Köpfe zusammenge-
schlagen!

Denn das Aneinanderschlagen der Köpfe von Braut und Bräutigam ist ein wichtiger Teil des Hochzeitsritus.

Alle Seelen-Mädchen benutzen ein typisch weibliches Vokabular; sie rufen ständig ihre Schwestern, *bhenar*, und ihre Gespielinnen, *satiyun*, und Freundinnen, *adiyan*, und tadeln sie hin und wieder, weil sie den Zustand der wahrhaft Liebenden nicht verstehen. So singt die Seele im *Budsch Nirandschan*:

dek'ha sak'hi suheliyan d'han ko hal behal
Seht, glückliche Freundinnen, den elenden Zustand der Frau!

Denn die Freundinnen gleichen den mit ihrem Alltagsleben zufriedenen Menschen, die nicht begreifen, wie eine heldenhafte Seele sich »mannhaft« auf den schwierigen Weg zum göttlichen Geliebten machen und das normale Leben verlassen will, weil sie der Anziehungskraft der Liebe Gottes nicht widerstehen kann und die Welt ihr wie nichts erscheint – ganz so wie Rumi es in seiner Beschreibung der Reise der Bilqis (s.o.S. 57) geschildert hat. Deshalb erscheinen die lieben, aber ahnungslosen Schwestern und Gespielinnen in vielen mystischen Liedern; schon in den Sindhi-Versen Schah ᶜAbdul Karims (gest. 1694) mahnt die Seelen-Frau:

Überall, Schwestern, ist Seine Fußspur,
  schwierig doch zu erkennen.
Selbst wer sie mit Augen gesehen,
  kann doch ihren Sinn nicht nennen.

Wie echte Frauen, benutzen die Seelen-Frauen gern Diminutive (die Verkleinerungsform als Zärtlichkeit ist weitverbreitet und wird auch z.B. von Ibn al-Farid in seinen arabischen mystischen Liebesgedichten verwendet). Der Balotschenfürst Punhun wird zu *Punhal* oder zu *Balotschal*, »Lieber kleiner Balotsche«, oder *Khohyariyal*, »lieber Bergbewohner«, und immer neue Zärtlichkeitsnamen werden für die geliebten Helden erfunden. Dazu benutzen die Frauen, zumindest in der Sindhi- Dichtung, gern das liebevolle Verkleinerungssuffix *rro, rri*, und nicht nur der Geliebte wird mit solchen zärtlichen Formen angerufen, sondern auch der Botenvogel, die Krähe, die aus *kang* zu *kangal* oder *kangrri* wird.

Während in der Urdu-Dichtung die Benutzung des Frauendialektes, *rekhti*, im allgemeinen auf frivole Themen beschränkt ist, ist sie in der mystischen Volksdichtung ein notwendiger Teil der Atmosphäre. Und so singt die Seele, verwirrt von der Schönheit des Geliebten:

> *Wenn der Geliebte kokett*
> *auf seinem Wege genaht;*
> *»Im Namen Gottes« sagt der Boden,*
> *den Fuß küßt ihm der Pfad.*
> *Mit feinstem Anstand steh'n auf*
> *die Huris, verwirrt, ohne Rat.*
> *Ich schwöre beim Herrn: in der Tat*
> *der Liebste ist schöner als alle!*

Die Formen, in denen die Dichter des indo-pakistanischen Subkontinents ihre Gefühle ausdrücken, sind mannigfaltig, alle aber beruhen auf indischen Vorbildern und benutzen indische Versmaße; das aus der arabisch-persischen Literatur übernommene Ghasel mit seinen komplizierten Versmaßen und durchgehendem Reim, das in den Kreisen der gebildeten urbanen Poeten seit Jahrhunderten benutzt wurde, ist in der volktümlichen Poesie unbekannt.

Neben den kurzen zweizeiligen *dohas* stehen längere Strophengedichte wie das *siharfi* und das *barahmasa*. Das *siharfi*, »Dreißigbuchstabengedicht«, ist eine Art Goldenes Alphabet, in der jede Strophe mit einem Buchstaben des arabischen

Alphabets beginnt; oft fangen auch mehrere Strophen mit dem gleichen Buchstaben an; die Länge der Strophen ist völlig dem Dichter überlassen. Die Thematik der liebenden Seele kommt auch in diesen Gedichten vor, doch wichtiger ist in dieser Hinsicht das *barahmasa*, das Zwölfmonatsgedicht. Diese aus dem Sanskrit übernommene, in den indischen Sprachen weitverbreitete Form drückt die Gefühle der *virahini*, der sich sehnenden Frau, aus: in jedem Monat empfindet sie anders, Liebe, Sehnsucht, Traurigkeit werden entsprechend dem Charakter des Monats besungen. Das war natürlich sinnvoll, wenn man die Sequenz der indischen Monate verwendete, wo die Regenzeit am engsten mit der Sehnsucht und der Vereinigung verbunden ist. Sogar der Papiha-Vogel singt, wie man glaubt, in der Regenzeit: *piu kahan?*, »Wo ist der Geliebte?« Wenn also der große indo-persische Dichter Amir Khusrau (gest. 1325) seine Gedichtsammlung mit der Zeile beginnt:

Es regnet, und ich bin vom Freunde getrennt …

so übernimmt er damit das Motiv der *virahini* in seine hochkomplizierte persische Dichtung.

Schwieriger wird die Symbolik, wenn die Dichter die islamischen Mondmonate übernehmen, die ja unabhängig von den Jahreszeiten sind und sich, als reine Mondmonate, jährlich gegen das Sonnenjahr um 10 bis 11 Tage verschieben. Dann wird die alte Natursymbolik in konkrete historische Anspielungen umgeformt; im Muharram klagt die Seelen-Braut um den Märtyrertod des Prophetenenkels Husain, der am 10. Muharram 81 (10.10.680) in Kerbela von den Regierungstruppen getötet wurde; im dritten Mondmonat denkt man entweder des Todes oder aber, in froher Stimmung, des Geburtstages des Propheten, des Geliebten, der oftmals in späterer volkstümlicher Dichtung als der eigentliche Seelenbräutigam erscheint: – *dulah nabi rasul*, »Bräutigam, Gesandter, Prophet«, heißt es auch im *Budsch Nirandschan*; denn für die späteren Sufis war das »Entwerden im Propheten« das höchste Ziel, nicht aber, wie in ältester Zeit formuliert, das »Entwerden in Gott«. Der Fastenmonat Ramadan wird gepriesen, und im letzten Mondmonat, in dem die Pilgerfahrt stattfindet, erreicht die Seele das Ziel ihrer Sehnsucht, die Kaaba, das Haus des göttlichen Geliebten in Mekka, oder auch das Mausoleum des geliebten Propheten in Medina. Dann ist die Seele endlich nicht mehr die sehnsüchtige *virahini*, sondern eine *wasli*, »eine, die erreicht hat«; sie gleicht nach den Worten des *Budsch Nirandschan* »dem Zucker, der sich ganz in Wasser aufgelöst hat«.

In diesem Zusammenhang kann man auch die Verbindung des Propheten mit dem Regen stellen; der Koran bezeichnet ihn als »Erbarmung für die Welten« (Sura 21:107), und er erscheint als große Regenwolke, da auch der Regen in vielen islamischen Gebieten als *rahma*, »Gnade, Erbarmung« bezeichnet wird, so heißt es in Schah ᶜAbdul Latifs *Sur Sarang*:

> *Das Kleid der Wolke zieht*
> *heut mein Geliebter an!*

Denn des Propheten Huld belebt das verdorrte Herz so, wie der Regen die dürren Felder belebt. Wie weit man hier auch die Einflüsse der *barahmasa*-Regensymbolik sehen kann, ist kaum zu definieren.

Eine weitere Entwicklung des Motivs des Seelenbräutigams findet man dann in den *ginans* der Ismailis, in denen der Imam (das ist der heute als Aga Khan bezeichnete weltliche und geistige Leiter der Gemeinschaft) zu dem heiß ersehnten Geliebten wird – eine Vorstellung, die seit dem Mittelalter bekannt ist und, wie Ali S. Asani jüngst gezeigt hat, auch noch in den modernsten Gesängen der Gemeinde fortlebt.

132

Die mystischen Gesänge der Sindhi-Sufis wurden oft zu *surs*, »Kapiteln«, zusammengestellt, die je nach ihrer Melodie benannt wurden; und seit den Tagen Miyen Schah ʿInats im frühen 18. Jahrhundert werden die in dieser Weise angeordneten Werke als *Risalo* bezeichnet. Denn all diese Liebeslyrik ist zum Singen bestimmt, nicht zum Lesen oder als grammatischer Steinbruch für reine Philologen – daher die ungezählten Wiederholungen: oft beginnen acht und mehr Verse mit der gleichen Formel, die jedesmal leicht verändert wird. Auch die folgenden, in sich oft durch Binnenreim gegliederten Zeilen des Verses werden ganz leicht abgewandelt, wie kleine Wellen auf der Oberfläche eines Teiches. Die einem bestimmten Hauptthema gewidmeten Sänge werden mit einem *kafi* oder *way* abgeschlossen. Das ist ein in der Regel vom Chor gesungenes lyrisches Gedicht, das sich im Laufe der Zeit oft verselbständigte. Die ekstatischen Verse des Sindhi- Mystikers Satschal Sarmast (gest. 1826) sind gute Beispiele für diese Tendenz, und gern wird beim *kafi* die erste Zeile wiederholt oder nach jeder zweiten Zeile eingeschoben.

Dem Charakter der Volksdichtung entsprechend sind solche Verse voller Alliterationen, die sich oft der grammatischen Analyse und auch einer genauen Übersetzung entziehen, die aber wunderbar klingen – das Sindhi mit seinen überreichen Verbalformen hat scheinbar unerschöpfliche Möglichkeiten zu einer derartigen Verschönerung der Verse.

Oftmals fügen die Dichter auch Anspielungen auf den Koran ein, um ihre Heldinnen zu trösten; Worte des Propheten erscheinen hie und da, und ein belesener Dichter wie der (angeblich illiterate!) Schah ʿAbdul Latif mag auch hin und wieder ein arabisches Sprichwort, einen klassischen arabischen Vers zitieren, so absurd es ist, daß ein Sindhi-Dorfmädchen des Arabischen mächtig gewesen wäre (von den wenigen zum Gebet notwendigen Koranversen abgesehen).

Aber historische Treue ist ja in dieser Dichtung nicht gefordert: die Heldinnen stehen jenseits der zeitlich und räumlich meßbaren Geschichte; sie sind ewige Muster der absoluten Gottesliebe. Das gilt auch für die Nennung von Ortschaften; besonders in der Siraiki-Poesie Khwadscha Ghulam Farids werden die aus der klassischen Überlieferung bekannten Orte ziemlich frei durcheinandergewürfelt.

Wer aber sind die Heldinnen der Geschichten? Die Dichter setzten voraus, daß ihre Hörer die Volkserzählungen kannten und verzichteten daher darauf, das Umfeld ihrer Sänge genau zu beschreiben: die Geschichten, vor allem bei Schah ᶜAbdul Latif, setzen immer in einem der dramatischsten Momente ein und werden dann in Bruchstücken entwickelt, stockend, zurückgreifend, wiederholend, und oft weit entfernt von der logischen Abfolge.

In Pandschab ist es die Geschichte von Hir Randschha, die geradezu zum Nationalepos geworden ist. Hir, aus der Gegend von Jhang (wo das angebliche Mausoleum der Liebenden steht) verliebt sich in den dem Sial-Clan angehörenden Randschha, als sie seiner Flöte lauscht. Doch die Familie verheiratet sie mit einem anderen Mann, dem sie sich verweigert. Unter dem Vorwand, von einer Schlange gebissen zu sein, läßt sie den als Derwisch-Arzt verkleideten Geliebten zu sich kommen. Neue Versuche, eine legitime Ehe mit ihm zu schließen, werden von der Familie, vor allem dem alten Onkel, hintertrieben; Hir stirbt – vergiftet, wie es in einer Version der Geschichte heißt, verstoßen, wie andere wissen wollen.

Schon früh wurde diese Geschichte, die, wie auch andere romantische Liebesgeschichten in Indien, auf eine wahre Begebenheit zurückgehen soll und gute Einblicke in die Familienstruktur und Sitten der großen Pandschabi-Clans bietet, poetisch bearbeitet. Nicht weniger als hundert Versionen in

Pandschabi, Urdu, Sindhi und Persisch existieren, deren eine von dem Sufi Dichter Afarin um 1730 in seinem persischen Mathnawi *Naz u niyaz*, »Koketterie und Flehen«, aufgezeichnet ist. Und schon in den Pandschabi-Versen des Lahorer Mystikers Madho Lal Husain (gest. 1593) finden sich Anspielungen auf Hir und Randschha.

Doch sind es nicht die gelehrten Fassungen, die diese Geschichte so berühmt gemacht haben, sondern ihre volkstümlichen Umformungen. Hir wird zur Seele, die Gott, verkörpert in Randschha, liebt, und alle Gestalten der Geschichte können von einem modernen Pandschabi (sicherlich mit Recht) als Allegorien aufgefaßt werden. In erster Linie sind es die ekstatischen Verse Bullhe Schahs, des 1758 in Qasur verstorbenen Sängers, die immer wieder auf die unendliche Liebe zwischen Hir und dem Geliebten anspielen, und seine Zeile

Immer wieder Randschha rufend,
wurde selbst zu Randschha ich!

ist fast sprichwörtlich geworden, da sie die völlige Einheit von Liebendem und Geliebtem ausdrückt. Das epische Gedicht seines ein wenig jüngeren Landmannes Warith Schah ist das verbreitetste Epos des Pandschabi, von dessen Weisen sich Muslime und Hindus, Bauern und Gelehrte gleicherweise bewegen ließen und noch lassen.

Älter noch scheint die Geschichte von Sassi Punhun zu sein, die schon 1643 von einem Sindhi Dichter unter dem Titel *Ziba Nigar* in einem persischen Mathnawi erzählt wurde. Von Muslims und von Hindus (Dschaswant Rai Munschi, 1728, und Lallah Dschanpraket) stammen spätere persische Versionen, während der Rohilla-Führer Mahabbat zu Anfang des 19. Jahrhunderts ein Urdu-Mathnawi mit dem Titel *Asrar-i mahabbat*, »Die Geheimnisse der Liebe« oder »Mahabbats« verfaßte.

Daß die Geschichte von Sassi und Punhun, deren Schicksal im ganzen heutigen Pakistan bekannt ist, schon früh literarisch verwendet wurde, läßt sich aus ganz kurzen Anspielungen auf Bhambhore, die Heimat der liebenden Sassi, in der Sindhi-Poesie des 16. Jahrhunderts erkennen; aber erst in der großen *Risalo* Schah ᶜAbdul Latifs ist das Thema in fünf verschiedenen *Surs* in allen Einzelheiten entwickelt; auch in anderen Kapiteln, wie *Ripa* und *Dahar*, tauchen immer wieder Querverbindungen zum Sassi-Zyklus auf, der dem Dichter offenbar besonders am Herzen lag.

Die Geschichte von Sohni Mehanval, die man als umgekehrte Hero-und-Leander-Erzählung bezeichnen kann, war ebenfalls im gesamten pakistanischen Flachland bekannt und ist ursprünglich am Tschenab zu lokalisieren.

Schah ᶜAbdul Latif hat in seiner *Risalo*, die von Muslimen wie Hindus geradezu als heilige Schrift verehrt wird, zu diesen allgemein bekannten Geschichten noch eine Anzahl von nur in Sind lokalisierten Ereignissen hinzugefügt, so die bewegende Erzählung von Marui, dem Dorfmädchen aus der Thar-Wüste; aber während Sassi und Sohni für ihn zu Symbolen der Seele werden, die durch größte Mühen auf dem Pfad endlich im Tode den Geliebten erreichen, ist die sehnsuchtsreiche Marui die Seele, die in dieser Welt ihre ursprüngliche Heimat nie vergißt.

Diese drei traditionellen Erzählungen sollen im folgenden genauer analysiert werden. Schah ᶜAbdul Latif arbeitete daneben noch einige Überlieferungen aus, die auf Ereignissen der Sindhi-Geschichte beruhen, wie Lila Tschanesar und Nuri Tamatschi, deren Ursprünge ins 15. Jahrhundert zu datieren sind; auch eine weitere Geschichte aus der Thar (Momal Rano) und sogar eine Legende aus Svaraschtra (wie die grausame Geschichte von König Dhiyadsch). Ihre Heldinnen können alle als Symbole der *nafs* gelten: Lila und Momal sind typische

Vertreterinnen der *nafs ammara* und werden durch Leiden und Trennung zur »tadelnden Seele«; Nuri aber ist die »Seele im Frieden«, die von ihrem Geliebten liebevoll angenommen ist.

Die Geschichte von Lila Tschanesar spielt im 15. Jahrhundert, als Dscham Tschanesar Fürst in Sind war, der in glücklicher Ehe mit seiner geliebten Gattin Lila lebte. Doch eine andere Frau begehrte den König für sich und verdingte sich als Magd im Palast. Eines Tages zeigte sie Lila eine überaus kostbare Diamantkette, *naulak'ha*, »900000 Goldstücke wert« (das ist in der Überlieferung immer der höchste Wert eines Schmuckstückes). Lila hätte sie gern erworben, aber die falsche Dienerin wollte sie nicht verkaufen; sie hatte nur einen Wunsch: eine Nacht mit Tschanesar verbringen zu dürfen. Verblendet von Begierde, stimmte Lila zu, aber als der Fürst morgens aus seinem berauschten Schlummer erwachte, entdeckte er den Betrug und verjagte seine törichte Frau, die nun ihre Jahre in Elend und in Reue verbrachte, bis sie ganz geläutert ihrem Geliebten wieder nahen durfte:

> *Schauend des Schmuckes Strahl*
> *strauchelt' sie, stürzte in Stolz.*
> *Sie kamen zu ihr und riefen:*
> *O Schande! und kamen und kamen vielmal.*
> *Sie brannten und sie versengten*
> *das Herz ihr mit Tadels Qual.*
> *Der Jugend heiteren Saal,*
> *die Arme vergaß ihn bald.*

Die törichte, zum Bösen anreizende Seele gibt ihren ersten und einzigen Geliebten für glitzernde und weltliche Freuden hin; die Welt fängt sie ein, und erst nach unendlichem Leiden wird sie wieder von dem vergebenden Geliebten angenommen und stirbt vor ihm.

Auch die lebenslustige »männermordende« schöne Momal gehört in diese Gruppe. Sie wird zur Geliebten des Prinzen Rano, der jede Nacht von weither zu ihr eilt, entzückt von ihrem Liebreiz. Doch als er sich einmal verspätet, kleidet sie ihre Schwester als Mann an, und er findet sie, wie es scheint, in den Armen eines anderen. Auch hier folgt die Trennung – man darf nicht mit der Liebe spielen, darf nicht versuchen, sei es auch nur im Scherz, den einzig Geliebten zu täuschen. Wie Lila wird Momal zur Büßerin und verbringt ihre Tage und Nächte in ständiger Reue; dadurch wird ihre Seele gereinigt, und am Ende erkennt sie, daß ihr Herz ganz erfüllt von Rano ist – es gibt nichts anderes mehr als den Glanz seiner Schönheit.

Wenn Rumis Sohn Sultan Walad in seiner poetischen Biographie seines Vaters schreibt, daß dieser seinen mystischen Geliebten Schams-i Tabrizi in sich selbst gefunden habe »leuchtend wie den Mond«, so drücken auch die Verse, die Schah ᶜAbdul Latif Momal in den Mund legt, eine solche Identifizierung von Liebender und Geliebtem, von der völlig geläuterten, spiegelgleichen Seele und dem mondgleich strahlenden Freunde aus:

Wohin kehr' ich das Kamel?
Rings flutet Vollmondes Licht!
In mir die Kammer von Kaak,
in mir sein Platz, sein Gesicht –
Liebster und Liebster! und nicht
gibt's einen andern als ihn.

Wohin kehr' ich das Kamel?
Rings flutet Vollmondes Glanz!
In mir die Kammer von Kaak,
Frühlingshag in mir und Kranz –
Wurde der Freund alles ganz,
bleibt nun kein anderer Ruf.

Einmal aber erscheint die Heldin nicht als suchende, strebende, büßende Frau, sondern hat den beglückenden, befriedeten Zustand der *nafs mutma'inna* erreicht, jenen Zustand, in dem sie von ihrem Herrn heimgerufen wird. Diese Geschichte wird in der Weise *kamod* gesungen, die man am frühen Nachmittag spielt, wenn man sich zur Siesta niederlegt und die für Sind typischen großen Schaukelbetten leise hin und her bewegt werden.

Dscham Tamatschi, der reiche Sindhi-Fürst des 15. Jahrhunderts, verliebte sich in das Fischermädchen Nuri, die ihn überallhin begleitete und sich immer nur staunend fragte, warum der mächtige König gerade sie, die arme, elende, kastenlose, nach Fisch riechende Frau erwählt hat, wo doch sein Palast mit den schönsten und reichsten Prinzessinnen gefüllt ist. Aber es ist eben die völlige Demut und Hingabe des Mädchens, die den Fürsten entzückt. Dscham Tamatschi wird in seiner Liebe zu dem Fischermädchen zum »Sklaven seiner Sklavin«, wie das in der persisch-türkischen Überlieferung immer von Sultan Mahmud von Ghazna erzählt wird, der seinen türkischen Sklaven Ayaz so intensiv liebte, daß die Rollen scheinbar vertauscht wurden. Und wie Ayaz sich in Rumis *Mathnawi* immer wieder daran erinnert, wie arm und elend er war, ehe der Sultan ihn auserwählte und mit Gnaden überschüttete, so auch Nuri, die die Großmut und Gnade des All-Mächtigen, All-Reichen immer wieder besingt, und die Worte, die der Dichter durch das Fischermädchen über den Fürsten aussprechen läßt, zeigen deutlicher als alles, daß die Gleichung Tamatschi=Gott richtig ist, denn sein Thron manifestiert *kibriya*, die Gottesglorie (II.10); sogar die koranische Beschreibung des einen und einzigen Gottes in Sura 112 »Er zeugt nicht und ist nicht gezeugt« wird auf Nuris fürstlichen Geliebten angewendet. Doch die Lieblingsheldinnen Schah ᶜAbdul Latifs sind Sassi, Sohni und Marui, deren Geschichten Paradigmata des mystischen Lebens sind.

Die Wanderungen Sassis

Die Geschichte von Sassi, der »Mondschönen«, gehört zum Erzählgut von Sind und dem Pandschab und ist, wie alle Volksromanzen, in mannigfachen Varianten überliefert. Die Hauptlinien, auf denen sich die Versionen in der *Risalo* Schah ᶜAbdul Latifs aufbauen, sind die folgenden:

Einem Brahmanen wird eine Tochter geboren, aus deren Horoskop man erkennt, daß sie einen Muslim heiraten wird; um diese Schande abzuwenden, setzt man sie in einem Körbchen im Flusse aus. Eine muslimische Wäscherfamilie in Bhambhore findet sie und zieht sie als eigenes Kind auf. Das Kind entwickelt sich zu einer solchen Schönheit, daß Bewunderer und Bewerber von weither angereist kommen, um sie zu sehen. Auch Punhun, der Prinz von Ketsch – das ist das Gebiet, wo die Berge von Balotschistan sich in die Indusebene senken – macht sich nach Bhambhore auf. Nach mancherlei Abenteuern, die für die mystische Auslegung der Geschichte unwichtig sind und daher von Schah ᶜAbdul Latif nicht erwähnt werden, erreicht Punhun sein Ziel, verliebt sich in Sassi und bleibt bei ihr. Seine fürstlichen Verwandten sind verständlicherweise entsetzt, daß der Prinz zum Wäscher – eine der niedrigsten Kasten! – geworden ist, erscheinen in Bhambhore, machen das Paar trunken und entführen dann Punhun vom gemeinsamen Lager. Als Sassi erwacht, ist die Bettstatt leer, und die Kamele der Gäste sind schon längst fortgezogen, den schlafenden Punhun mit sich tragend.

Hier setzt nun Schah ᶜAbdul Latifs Erzählung ein: die verlas-
sene Frau läßt in ihrer Verzweiflung alles zurück und macht
sich auf, den Geliebten zu suchen: die Reue spornt die Seele
an, die Welt und was in ihr ist, zu verlassen, sich auf den
Weg zu machen; denn Reue ist der erste Schritt auf dem
mystischen Pfade, auf dem man sich nicht mehr nach dieser
Welt umsehen darf. Natürlich kann Sassi die flinken Kamele
der Balotschen nicht einholen; nach vielen Abenteuern in der
Einsamkeit gibt sie den Geist auf. Nach einer Version wird
Sassi von einem Hirten bedrängt und stirbt; Punhun, der sich
aufgemacht hat, sie zu suchen, fällt tot an ihrem Grabe nieder,
so daß der Tod sie vereint. Doch Schah ᶜAbdul Latif hält das
Ende offen, wie es seine Gewohnheit ist.

Wie wichtig das Thema der wandernden Frau für Schah ᶜAbdul
Latif war, sieht man daran, daß er die Geschichte in verschiedenen Tonarten besingt. Allen anderen Frauengestalten wie
auch allgemeinen Themen ist jeweils eine bestimmte Tonart
gewidmet, doch Sassi erscheint in den Melodien *Sassi Abri,*
»die Schwache«, *Maᶜdhuri,* »die Elende«, *Desi,* »eingeboren«,
Khohyari, »mit den Bergen verbunden«, aber auch in der Weise
Husaini, die sonst allgemein für die Klagelieder verwendet
wird, die man zum Gedenken an den bei Kerbela gefallenen
Prophetenenkel Husain anstimmt – denn auch Sassi ist, wie
Husain, eine Märtyrerin. In anderen Kapiteln der *Risalo* findet
man ebenfalls immer wieder Anspielungen auf ihr Schicksal,
Hinweise auf ihr Leiden.
Ohnehin scheint sie von früh an als Seelen-Symbol berühmt
gewesen zu sein, schon in den Versen von Schah ᶜAbdul Latifs
Urgroßvater Schah ᶜAbdul Karim (gest. 1694) steht die Bemer-
kung:

Niemand nahm je von Bhambhore
zwei Dinge zu gleicher Zeit:
Sehnsucht nach dem Geliebten,
Verbindung mit dieser Welt.

Sagten nicht schon die klassischen Liebesmystiker, wie Ahmad Ghazzali (gest. 1126):

Auf dem Wege des Einheitsbekenntnisses
kannst du nicht mit zwei Gebetsrichtungen gehen.
Man braucht entweder die Zufriedenheit des Freundes
oder die eigene Lust!

Wer die irdische Heimat verläßt, um den Geliebten zu suchen, darf sich nicht mehr an irdische Werte, vergängliche Dinge klammern. Und Sassis Schicksal klingt in den Versen späterer Dichter bis in unsere Tage immer wieder nach.
Das Kapitel *Sassi Abri* beginnt mit den Worten:

Das erste und letzte ist, zu meinem Geliebten zu wandern...

Schah ᶜAbdul Latif folgt nun Sassi und belauscht sie, wie sie auf ihren Wanderungen durch Wüsten und Berge die Ereignisse der vorhergegangenen Wochen nochmals durchlebt; er hört sie klagen, wenn sie der Zeiten denkt, da der Geliebte ihr nahe war. So ruft sie sich die Ankunft der Karawane Punhuns ins Gedächtnis zurück,

Kechan ayo qafila,
Aus Ketsch kam eine Karawane,

und denkt daran, wie glänzend dieser Zug war, wie schön selbst die Begleiter des Fürsten waren! Das Wäschermädchen hatte diese Männer bewundert. Sie wußte ja, daß Punhun ein Fürstensohn war, während sie nur ein Weib niederer Kaste war:

Er ist mit Moschusduft vertraut,
und ich mit dem Geruch von Seife.

Sein Wohlgeruch parfümierte die Märkte – als wahrer Herr sendet er natürlich die lieblichsten Düfte aus, die Herz und Seele entzücken. So ruft sie sich seinen Duft zurück (Duft ist ja ein Erinnerungsträger), und erfindet immer neue Beschreibungen ihres eigenen elenden Zustandes. Ist nicht ihr Haar in der Hand der Balotschen? d.h., sie ist ihnen ganz verfallen. Und sie möchte den Staub der Glieder des Geliebten auf ihren Körper reiben, während sie durch die staubigen Steppen wandert.

Sassi weiß, daß Punhun sie sehr geliebt hat und sogar Wäscher geworden ist, um ihr nahe zu sein; aber seine Familie war gegen die Verbindung. Deshalb seufzt sie:

Daß doch in Ketsch niemand wüßte,
ach, meine unedle Kaste,
damit sich nicht schämte Punhun,
wenn er meiner Sippe gedenkt!

Aber nun wird sie gestraft, weil sie die Füße auf dem Bett ausgestreckt hatte. So macht sich die Seele, die sich auf den Weg zur Vervollkommnung begeben hat, ständig Vorwürfe, daß sie nicht wach geblieben ist, denn *qillat al-manam*, »wenig Schlaf«, gehört zu den Grundregeln auf dem Weg des Sufis. Der Dichter, der sich hin und wieder als Mahner vernehmen läßt, meint deshalb auch tadelnd:

Das war schlecht, daß du schliefst, als er ging!

Bereits die frühen Asketinnen in Basra und Syrien hatten vor dem Schlaf gewarnt: »Der Platz, wo man schlafen kann, ist das Grab!«
Selbst wenn Sassis eigentliche Sünde nur in ihrer Unaufmerksamkeit lag, muß sie büßen, denn wer sich dem »Schlaf der Nachlässigkeit« hingibt, statt ununterbrochen des Geliebten zu denken, muß für dieses Gottvergessen teuer bezahlen, bis er durch ständige Kasteiung und Reue schließlich zur *nafs lawwama*, der tadelnden Seele, wird. Daher spornt der Dichter Sassi an, weiterzuziehen und Bhambhore, die »Welt«, zu vergessen, bis sie schließlich ausruft:

Feuer will ich legen an Bhambhore!

Denn alles, was mit irdischer Existenz zu tun hat, muß vernichtet werden, so daß es nur noch die Suche nach dem Geliebten gibt.
Sassis Reise kann freilich auch als innere Reise gesehen werden, die nach außen projiziert wird. Deswegen weist der mahnende Dichter verschiedentlich darauf hin, daß man den Geliebten nicht dadurch findet, daß man Länder durchwandert, sondern dadurch, daß man an einem Ort stille sitzt und »sich selbst röstet«, das heißt, sich durch Askese und Meditation selbst läutert.
Das Thema der inneren Reise ist von den meisten Mystikern besungen worden: wenn Maulana Rumi am Ende seines großen Reisegedichtes singt:

Fehlt dir der Fuß zur Reise
so wähle den Weg in dich selbst –
Solch Reise verwandelt das Staubkorn
in goldene Herrlichkeit!

so nimmt er Gedanken seiner Vorgänger in der persischen Welt auf: ein halbes Jahrhundert vor ihm hatte ᶜAttar die Reise der dreißig Vögel zum Vogelkönig Simurgh beschrieben, wo sie am Ende der mühevollen Wanderung durch sieben Täler ihre Identität mit dem Gottesvogel erkennen, und in seinem *Musibatnama* beschreibt er die innere Wanderung der Seele in den vierzig Tagen der Klausur, die damit endet, daß der Sucher den göttlichen Geliebten im Meer seiner eigenen Seele findet. Es sind ja nur die Weiten der Seele, durch die der wahre Sucher wandert, wie es ein Jahrhundert nach ᶜAttar der ägyptische Mystiker Ibn ᶜAta Allah zusammenfaßt:

Wären nicht die weiten Felder der Seele,
so gäbe es keine wirkliche Reise der Wandernden,
denn es gibt keine Entfernungen zwischen dir und Ihm,
die deine Wanderung überwinden könnte,
und keine Trennung zwischen dir und Ihm,
die dein Ankommen auslöschen könnte.

Sassi, in der Wüste umherirrend, weiß, daß sie gegen das Gesetz der Liebe verstoßen hat, weil sie schlief, statt bei ihrem Geliebten zu wachen; auch hat sie versäumt, die Kamele der Besucher im Hofe so anzubinden, daß sie nicht lautlos entweichen konnten.

Hättest du ihre Knie mit deinem eigenen Haar gebunden,
dann hättest du das Schaukeln der (fortziehenden) Tiere
nicht zu erleiden brauchen.

Die Wüste ist brennend heiß, und Sassi wandert in der doppelten Glut, der des Tages und der des Trennungsfeuers, wie eine Yogini, zu deren asketischen Übungen ja auch hin und wieder das Sitzen zwischen vier Feuern in der Sommerhitze gehörte. In *Sur Desi* fügt Schah ᶜAbdul Latif zwei passende arabische Zitate ein: »Die Reise ist ein Stück Höllenfeuer« und »Die Liebe ist das Feuer, das Gott angezündet hat«. Und in dieser Situation denkt Sassi daran, wie sie, auf dem Spinnplatz in Bhambhore sitzend, ihre Arbeit nicht beenden konnte, weil die blutigen Tränen, die ihr aus den Augen tropften, Rocken und Spinnrad verschmierten. Deshalb hat sie Rocken und Rad fortgeworfen und sich auf den Weg gemacht, auf den »schrecklichen Weg Gottes« wie Rumi es einmal nennt, um den Geliebten zu suchen. Aber mit Schrecken sieht sie, daß schon die Sonne sinkt, und ihre Hoffnung, Punhun vor Einbruch der Nacht zu finden, wird zunichte:

> *Sonne sank hinter den Bäumen,*
> *Dämmerung blutig sich rötet –*
> *Ach, mich hat sie getötet,*
> *Mutter! da nun die Dunkelheit kommt.*

> *Sonne sank hinter den Bäumen,*
> *färbte die Dämmerungsschatten –*
> *die mir entführten den Gatten,*
> *haben das Bergland durchquert.*

> *Sonne sank hinter den Bäumen,*
> *Dämmerungsdunst sich rötet –*
> *ach, – mich hat sie getötet,*
> *Mutter! in Finsternis.*

Sie ist einsam; aber sie weiß, daß ihre Freundinnen und Gespielinnen eine solche Reise niemals unternehmen könnten.

> *Möge die Gespielin mein*
> *nicht mit mir zur Wüste wandern!*
> *Wasser fern, der Weg so weit,*

Steppe stets und Staub und Stein;
Stürbe sie in Durstes Pein,
würde dem Liebsten sie fluchen...

Nein, die Gespielinnen im Dorf werden sie tadeln; wie könnten sie verstehen, daß die schöne, vielbegehrte Sassi alles aufgibt, um durch Wüsten und Berge zu wandern, immer nach dem verlorenen Geliebten suchend? Denn die Freundinnen sind ja nicht vom Strahl der ewigen Schönheit getroffen und kennen daher die bedingungslose Liebe nicht.

Ja, hätten sie ihn erschaut,
den Freund, mit Augen wie ich –
»Auf! Such ihn!« riefen sie laut,
ins Bergland stürzten sie sich.

Sie haben den Freund nicht erschaut,
nicht treffe Tadel die Trauten,
Sonst weinten wie ich sie laut
und bissen sich reuig die Hände!

Dieses Thema taucht mehrfach in der mystischen Volksdichtung auf, denn nur »wer die Schönheit angeschaut mit Augen«, wird den Zustand der liebenden Seele verstehen. So heißt es auch im *Budsch Nirandschan*:

Ohne den Herrn ist diese Frau verzweifelt,
Um des Geliebten willen weint sie den ganzen Tag.
Vater und Mutter – keiner versteht sie:
denn nur wer getroffen ist, der wird's verstehen. (19/2)

Sassi, so kann man hinzufügen, ist in gewisser Weise das weibliche Gegenstück zu Madschnun, der in Gedanken an seine Laila durch die Wüste schweifte, selbst wenn seine

Geliebte anderen Menschen gar nicht so reizvoll vorkam: »Die Schönheit Lailas sieht man nur mit Madschnuns Augen!« Die Liebe zu Punhun gibt dem Leben Sassis Sinn, und sie ruft aus:

In Suche nach Punhun wandern,
das ist mein wahres Glück.

Auf dieser Reise bedeutet der Körper nichts, und weltliche Güter wären nur hinderlich; nur solche, die alle irdischen Lasten hinter sich gelassen haben, sind imstande, den schwierigen Pfad zu durchmessen: nackt muß man sein, um Ketsch erreichen zu können. Wer, mit Alltagsdingen beschwert, in seinem Dorf bleibt, wird nie die Schönheit des Freundes erkennen, denn »es gibt keinen wie Ihn«, wie der Koran sagt (Sura 42:11), und »wenn du auch hunderttausend Freunde hast, vergleiche doch keinen mit Punhun!« Denn die Schönheit des Geliebten ist unvergleichlich, er ist »wie das grüne Gewand der Erde«, und:

Farbig und bunt
ist der Geliebte, wie Seide.
Ihn, der die Seele berauscht –
wie könnte ihn man vergessen?

Mit einer in der islamischen Mystik häufigen Anspielung sagt Schah ᶜAbdul Latif, daß man der Triebseele den Dolch des *la*, »Nicht, kein«, an die Kehle legen muß: das erste Wort des Glaubensbekenntnisses, *la ilaha illa 'Llah*, »Es gibt keine Gottheit außer Gott«, ähnelt in seiner graphischen Form ein wenig einem Krummdolch und kann daher dazu dienen, den Sucher zu ermahnen, daß alles, was außer Gott Existenz zu haben scheint, alles, was den Menschen von Gott abzulenken droht, geopfert werden muß, damit nur Er, Einer ohne ein zweites, dem Sucher vor Augen steht.

Mit solchen Gedanken wandert die liebende Sassi über die Berge, getragen von ihrer Liebe:

> *Heiß sei des Tages Brand,*
> *wandere, wandre nur!*
> *Uralte Liebe band*
> *an den Balotschen dich.*

> *Lebenslang lodernd brenne,*
> *kein Platz ohne Brennens Leid –*
> *In Hitze und Kälte renne;*
> *zum Weilen ist keine Zeit.*

> *In Hitze und Kälte eile,*
> *zum Weilen ist keine Zeit,*
> *daß dich nicht das Dunkel ereile,*
> *und du seine Spur nicht mehr siehst!*

Ja, es scheint, als seien die Steine des drohenden Berges Pabb Sassis Aussteuer: das einzige, was sie dem Geliebten bringen kann.

Und doch gibt Sassi manchmal die Hoffnung auf, weil der echte Liebende nicht auf Morgen hoffen soll, denn der wahre Sufi ist der *Ibn ul-waqt*, der »Sohn des Nu«, jenes Momentes, wo er für einen Augenblick aus der seriellen, mit der Schöpfung entstandenen Zeit von dem ewigen Jetzt der göttlichen Zeit getroffen wird. Heißt es doch zu Beginn von Rumis *Mathnawi*:

»Morgen« zu sagen, gehört nicht zu den Bedingungen des Pfades.

Auch mit einer anderen Beschreibung der klagenden Sassi führt Schah ᶜAbdul Latif seine Hörer (oder jetzt: Leser) zu Rumi zurück, wenn er sagt, daß sie wie eine Flöte aus Sehnsucht nach ihrem Geliebten klagt. Es ist die Flöte, von der Rumi in den ersten Zeilen seines *Mathnawi* sagt:

> *Hör auf der Flöte Rohr, wie es erzählt*
> *und wie es klagt, vom Trennungsschmerz gequält:*
> *Seit man mich aus der Heimat Röhricht schnitt,*
> *weint alle Welt bei meinen Tönen mit.*

So, wie diese Flöte klagt, weint auch Sassi in der Erinnerung an die Zeit, da sie nicht von ihrem Geliebten getrennt war. Manchmal tadelt Sassi die Berge, weil sie so hart sind und ihr die Füße zerschneiden; dann wieder sind ihr die Berge lieb, weil der Geliebte durch sie gewandert ist. Doch niemals zuvor hatte sie solche Dschungel gesehen, in denen es kein Wasser gibt und wo blaue Schlangen kriechen; selbst Vögel verzweifeln hier, denn »jeder Berg ist ein Elefant an Stärke und Erhabenheit«. Gewiß, die wandernde Sucherin wird mit dem koranischen Wort getröstet, daß »Geduld schön ist« (Sura 12:18, 83). Und doch ist sie manchesmal der Verzweiflung nahe, weil sie kein Ende ihrer Leiden absehen kann. Sie wünscht, die Trennung vom Geliebten wäre nicht auf der urewigen Tafel geschrieben und daher unabwendbar gewesen:

> *Hätt' ich doch ahnend gefühlt,*
> *daß einst die Trennung mich träfe,*
> *hätt' ich die Schrift des Geschicks*
> *von urew'ger Tafel gespült,*
> *hätte dann wohl nicht gefühlt*
> *Leiden auf endlosem Pfad!*

Aber es gibt keinen Ausweg:

Wo so viele Stunden auf der Schicksalstafel geschrieben sind,
da müssen so viele Stunden vergehen!

und wem das Geschick bestimmt hat, daß er suchen muß, der setzt den Fuß auf die schwierigsten Pfade, ohne jemals auszuruhen:

Solche Wege ging Sassi –
Helden verlören ihr Leben!
Hohe Berge – der Liebe
sind sie wie Steppenland eben!

Das mag wohl richtig sein – aber trotzdem ruft die verzweifelnde Seele nach dem Geliebten, hofft, ihn zu sehen, von seinem Lebensodem zu kosten; denn sie ist verwirrt und kraftlos. Sie meint, die Hunde von Ketsch bellen zu hören, aber während die Hunde Knochen kauen, »ißt der wahre Gottessucher«, der mutige junge Held, »seine Leber«, d.h. leidet unsagbar. Ja, Sassi wäre gern bereit, sich ihr Fleisch von den Schultern zu kratzen und es den wilden Tieren zuzuwerfen, oder auch die Krähen damit zu füttern:

O möchten doch die Krähen von Ketsch mein Fleisch pflücken
und fressen!

Denn die Krähe ist der Botenvogel; die Liebende ruft aus:

kare kang kornischun,
Bring ihm Grüße, o Krähe,
fall dem Geliebten zu Füßen,
Botschaft, die ich dir gebe,
vergiß sie nicht auf dem Wege!

Sassi würde der Krähe von Ketsch am liebsten ihr Herz als Speise anbieten; ja, auch den ganzen Leib könnte der Vogel verzehren, mit Ausnahme der Augen, »denn die haben den Liebsten gesehen« und sind dadurch geheiligt. Doch nein, auch das ist noch keine vollständige Hingabe! Sassi würde sich sogar die Augen ausreißen und als Krähenfutter verwenden – denn was braucht sie diese Augen, wenn sie etwas anderes als den Geliebten sehen? Nein, man benötigt sie nicht mehr, wenn man den Geliebten mit den Augen der Seele erschaut! (Man ist hier an den persisch-türkischen Ausdruck »auf seine eigenen Augen eifersüchtig sein« erinnert) – ist nicht das irdische Auge ein Schleier zwischen der Seele und dem Geliebten, etwas Fremdes, dessen man am Ende nicht mehr bedarf? Denn, wie die Asketinnen der Frühzeit, »die Weinenden, die weinen lassen«, meinten, ist es besser, sich blind zu weinen als zu sehen, damit die inneren Augen die Schönheit des Geliebten erblicken. Dieser Gedanke ist besonders bei Ahmad Ghazzali ausgedrückt. Doch noch nicht genug der immer wiederkehrenden grausamen Beschreibungen der liebenden Seele: Sassi klettert in ihrer Verzweiflung auf die Bäume, um zum Futter für die Geier zu werden; das ist, als klettere sie auf den Galgen. Denn »der Galgen ist das Brautbett«, wie Schah ᶜAbdul Latif im Hinblick auf den Märtyrer-Mystiker al-Halladsch singt, der durch seinen Tod mit dem ewigen Geliebten vereint wurde und seither als Märtyrer der Gottesliebe von den Sufis als Modell bewundert wird. So wird auch Sassi zur Märtyrerin der Liebe. Und wie Halladschs Freund der Legende nach im Traume Gott fragte, warum er den Ihn so sehr liebenden Halladsch habe töten lassen, erhielt er die Antwort: »Wen Liebe zu Mir tötet, für den bin Ich (oder: ist Meine Schönheit) das Blutgeld«. Eben diese Worte wendet Schah ᶜAbdul Latif auch auf Sassi an und stellt sie damit in die Reihe der um ihrer Liebe willen gemarterten »Gottesmänner«.

Sassi wird immer kraftloser. Ihre einzige Medizin ist der Geliebte. Er hat sie zwar geopfert wie eine kleine Ziege, aber dadurch, daß sie zum Opfertier, *qurbani*, geworden ist, hofft sie auch, eine *qaribani*, eine »Nahestehende« zu werden. Denn sie weiß, daß der geistige Führer (der oft stellvertretend für den göttlichen Geliebten steht) den Sucher zunächst »kocht und brät«, und ihm dann, wenn der Rohe reif geworden ist, seine Gnade zeigt. Auch hier sind Einflüsse Rumis zu spüren. Denn das Thema des »Kochens« ist bei ihm zentral, lange bevor Levy-Strauß den Gegensatz zwischen dem »Rohen und dem Gekochten« so bekannt gemacht hatte. Das Feuer der Liebe läßt den Sucher unter Schmerzen reifen:

Den Rohen kocht das Feuer »Trennungsleid«
das ist's, was ihn von Heuchelei befreit...

So heißt es in der Geschichte Rumis vom Liebenden, der in Gegenwart des Geliebten noch »Ich« sagte. Aber die bekannteste Anwendung des Motivs des Kochens durch Rumi ist zweifellos die Geschichte von den Kichererbsen, die erst durch Kochen genießbar werden und dann als Speise am menschlichen Wesen teilnehmen, selbst wenn sie zunächst versuchen, aus dem kochenden Wasser zu springen, dem Schmerz zu entgehen. Auch der Mensch soll zu einem süßen Brocken für die Liebe werden. Deshalb muß Sassi in langen Perioden des Schmerzes »gekocht« werden, ehe sie reif genug ist, den Geliebten zu erreichen, muß sich durch Leiden von allem Irdischen »entleeren«.
Schah ᶜAbdul Latif symbolisiert das Leiden der Suchenden noch mit einem anderen Bild:

Er legt ihn erst in Entfärbungsmittel,
dann legt Er ihn in Farbe.

Das heißt, der göttliche Geliebte reinigt den Liebenden von jeder Beziehung zu der buntfarbigen Welt, und eine solche Reinigung wird mit scharf ätzenden Entfärbungsmitteln vorgenommen. Dann aber wird der Mensch in die *sibghat Allah* (Sura 2:138) eingetaucht, die »Färbung Gottes«, die für die Dichter und Mystiker die absolute Einfarbigkeit der göttlichen Einheit bedeutet.

> *Gott der Herr, der Färber ist, –*
> *Sein sind alle Farben.*

Einmal wird der Geliebte (in diesem Zusammenhang der als Vertreter Gottes wirkende geistige Führer) auch als Wäscher dargestellt, der die Wäsche gründlich mißhandelt, um sie zu reinigen: nur wer die indischen *dhobis*, Wäscher, beobachtet hat, die ihre Wäschestücke so hart auf die Steine schlagen, als wollten sie die Steine zerbrechen, versteht, wie treffend das Bild ist.

Da der Liebende weiß, daß alle Qualen, die der Geliebte schickt, zu seiner Läuterung dienen, empfindet er sie als Glück: daher will auch Sassi nichts, als ewig zu wandern. Denn solange man den Geliebten sucht, trägt man ihn im Herzen, aber wenn man ihn gefunden hat, sieht man ihn mit Augen, und das wäre, wie die liebende Seele weiß, wiederum ein Hindernis: »the greater torment of Love fulfilled«. (T.S. Eliot).

Deshalb singt Sassi:

> *Wer heischt, wird empfangen,*
> *wird schauen den Liebsten,*
> *Wer sucht, wird gelangen*
> *zum Hofe der Wunder.*

Du, der du suchst, geh voran;
  dies ist kein irdisches Suchen –
  Ferne ist niemals der Freund
von fahrender Sucher Herz.

  Nur suchen will ich, nur suchen –
o daß ich den Freund nie erreichte!
  Daß niemals die Unrast der Seele
durch Finden ein Ende nähme!

Nur suchen will ich, nicht finden –
  Gefährten aus früheren Tagen:
  Die Saumlast weiter getragen,
so zogen sie ferne ins Land.

  Ich suche – mög' ich nie finden!
  Geliebter, ferne bist du!
  Nie finde mein Herz je Ruh,
nie werde Trost meinem Leib!

Ich suche – o mög' ich nie finden!
  Erhöre der Liebenden Meinung!
In dieser Liebe, Geliebter,
  liegt meines Lebens Verneinung.
  Am Jüngsten Tag erst zur Einung
mag ich mich voll Ruhe erheben!

Der Weg ist, so scheint es, in sich selbst schon das Ziel. Das unendliche Sehnen, das dem Menschen eigen ist, endet vielleicht erst im Tode, obgleich die Sufis auch wußten, daß, wenn der göttliche Geliebte einmal gefunden ist, eine neue Reise, die unbeschreibliche Reise in die unauslotbaren Tiefen Gottes beginnt.

Schah ᶜAbdul Latif lehrt seine Heldin das alte Motto der Sufis: »Sterbt, bevor ihr sterbt«, denn sie muß wissen, daß »diejenigen, welche sterben, bevor sie sterben, nicht sterben, wenn sie sterben«. Wer sich in täglichem Selbstopfer abtötet, seine niederen Triebe im größeren Heiligen Krieg überwindet, seine irdischen Interessen opfert, Bhambhore verläßt, um nur dem Geliebten zu folgen, der wird Ehre im ewigen Leben empfangen.

Sassis Weg scheint niemals zu enden. Manches Mal ist sie völlig erschöpft, und die ganze Natur nimmt an ihrem Leiden Anteil – die Vögel schreien vor Kummer, ja, selbst wilde Tiere sterben vor Gram, wenn sie sehen, was die tapfere Liebende erduldet; sogar die Wüste weint. Wie kann ein Mensch das überhaupt ertragen?

Sassi wäre auch gar nicht imstande gewesen, diese Qualen auf sich zu nehmen und in gewisser Weise in ihrer Suche glücklich zu sein, wenn sich nicht Punhun auch nach ihr sehnte. Mit einem Vers, der wiederum Rumis *Mathnawi* (M I 1704) entnommen und fast wörtlich übersetzt ist, weist Schah ᶜAbdul Latif auf das tiefste Geheimnis der Liebe zwischen Gott und Mensch hin:

Diejenigen, die nach dem Wasser dürsten –
nach ihnen dürstet das Wasser auch.

Hätte Gott nicht die Liebe in das Herz des Menschen gelegt, weil Er ihn liebte, so könnte der Mensch den Pfad der Liebe gar nicht beschreiten – so legten die Sufis die Schlußworte von Sura 5:59 aus: »Er liebt sie und sie lieben Ihn«. Ohne die vorausgehende Liebe des göttlichen Herrn wäre keine Seele zur Liebe fähig.

Um des Geliebten willen ins Bergland zu ziehen, ist unnötig; der Leib selbst ist der Dschungel. Gegen Ende des wichtigsten Kapitels im Sassi-Zyklus, in *Abri*, nimmt Schah ᶜAbdul Latif nochmals das Thema der inneren Reise auf. Die Sucherin wird ermahnt, den Vorhang des Selbst beiseite zu ziehen, dann wird sie im Herzen des Geliebten Anblick finden, denn Liebende und Geliebter sind ja in Wirklichkeit nur eins:

»Wer sich selbst kennt, wird selbst Punhun«,

sagt der Dichter mit einer Verfremdung des in Sufikreisen so beliebten arabischen Spruches »Wer sich selbst kennt, kennt seinen Herrn« –, vielmehr, so sagt er, der *wird* zu seinem geliebten Herrn.

Als die Liebende äußerlich schwach und hilflos, verbrannt von sengender Sonne und glühendem Wind, fast schon die Einigung erreicht hat, scheint ihr der Todesengel wie ein Bote des Geliebten, und sie erfährt, »auf dem Wege zu sterben ist große Seligkeit«.

Hatten die frühen Sufis nicht wiederholt darauf hingewiesen, daß der Tod schön sei, »denn er bringt den Liebenden zum Geliebten«? Leidenschaftlich hat Rumi seine Hörer immer wieder ermahnt, nicht zu klagen, wenn seine Bahre ins Grab gesenkt wird:

Ist mir doch selige Ankunft hinter dem Vorhang bereitet.

Der Todestag ist für den Frommen ja ein [c]*urs,* eine Hochzeit, wo sich die sehnsüchtige Seele endlich mit dem Geliebten vereinen wird:

O Schöne, nach dem Tode wirst du zu Punhun kommen,

tröstet Schah [c]Abdul Latif seine Sucherin.

Vielleicht ist es die bewegendste Szene im gesamten Sassi-Zyklus, die Schah [c]Abdul Latif gegen Ende von *Sur Ma* [c]*dhuri* schildert: Die Sucherin spürt die Nähe des Todes und weiß, daß sie schon seit Tausenden von Tagen von ihrem Geliebten getrennt ist. Da singt sie noch einmal ihre Liebe, ihr Leid, völlig in Liebe verwandelt. Sie hat das Ziel des mystischen Suchers erreicht, ist selbst zu reiner Liebe geworden. Solche Liebe aber kennt keine Trennung mehr zwischen Liebender und Geliebtem, sondern sie umfaßt beide in einer neuen Einheit. Die Menschlichkeit ist ganz überkleidet vom Göttlichen, denn Liebe ist das innerste Wesen Gottes. Was die großen mystischen Denker wie Ahmad Ghazzali und ʿAinul Qudat Hamadani, wie Ruzbihan Baqli und alle die Liebesmystiker des Mittelalters in preziösen Sätzen angedeutet haben, sagt der Sindhi-Dichter in ganz schlichter Form: die Verwandlung der liebenden Seele am Ende ihrer Wanderungen, wenn sie nur noch Liebe ist:

> *O Stimme in der Steppe:*
> *als ob der Kuckuck schreit;*
> *ein Jammerlied und Leid:*
> *es ist der Liebe Ach.*

> *O Stimme in der Steppe,*
> *als sei's des Sittichs Sagen:*
> *es ist der Sehnsucht Klagen,*
> *es ist der Liebe Ach.*

> *O Stimme in der Steppe,*
> *als ob die Wildgans riefe –*
> *Schrei aus der Wassertiefe –*
> *es ist der Liebe Ach.*

> *O Stimme in der Steppe,*
> *wie einer Geige Klang:*
> *das ist der Liebe Sang –*
> *das Volk nur hielt's für Weibes Lied.*

Sohni Mehanval

Wie die Geschichte Sassis, »die im Wandern starb«, ist auch die der Sohni, »die ertrinkend starb«, gemeinsames Erbe des Pandschab und des Industals. Ursprünglich lokalisiert am Flusse Tschenab, wurde sie dann von Schah ᶜAbdul Latif zu einer Sindhi-Sage umgeformt.

Auf der Rückkehr von einer Reise kommt der vornehme und reiche Mehanval (Mehar) in ein Töpferdorf, verliebt sich in Sohni, die schöne Tochter des Meistertöpfers, und gibt all sein Vermögen beim Kauf von Töpferware aus. Um Sohni nahezubleiben, verdingt er sich schließlich als Büffelhirt bei Sohnis Vater. Das Mädchen, das sofort mit einem ungeliebten Mann verheiratet wird, schwimmt nun jede Nacht durch den Strom, zu dem Eiland, wo Mehanval die Büffel hütet. Ein großer Krug aus gebranntem Ton dient ihr als eine Art Schwimmweste. Ihre Schwägerin faßt Verdacht und vertauscht nach einiger Zeit das Gefäß mit einem Krug aus ungebranntem Ton, der sich natürlich im Wasser auflöst, so daß Sohni ertrinkt. Das Hero-und-Leander-Motiv ist hier also umgekehrt; die liebende Frau ist der aktive Teil.

Der tosende Strom oder Wildbach, der dem Menschen alles entreißt, ist ein altes Motiv der orientalischen Dichtung, aber im Fünfstromland und im Industal, wo die sommerlichen Fluten nach der Schneeschmelze im Himalaya und im Karakorum mit ungeheurer Gewalt über das Land strömen, ist das Thema besonders aktuell.

Deshalb beginnt Schah ᶜAbdul Latif seine Erzählung mit einer Einstimmung auf das Thema des Stromes, des Wassers. Der Strom mag reißend sein, aber was die liebende Seele ersehnt, ist gerade das Versinken in der absoluten Einheit: ins Wasser zu treten, bedeutet, neues Leben zu gewinnen, selbst wenn der Weg dorthin durch den Tod führt.

Schnell der Strom, und stark die Strömung,
doch wo Liebe ist, da ist die Strömung schwach.
Wer Liebe zur Tiefe hat,
träumt von der Einheit, nichts sonst.

Sohni überlegt, ob man der Macht der Liebe überhaupt widerstehen kann – hätten ihre Gespielinnen Mehar auch nur gesehen, so hätten auch sie Tonkrüge ergriffen, um zu ihm zu schwimmen – genau so, wie Sassi es von ihren Freundinnen denkt. Sohni wird vom Dichter mit jenem Wort getröstet, das seit dem 13. Jahrhundert in indischen Sufi-Kreisen beliebt war: »Wer den Herrn sucht, ist ein Mann«. So wird auch sie, ohne Beachtung ihres wirklichen Geschlechtes, zu einem wahren »Gottesmann«.

Im Wirbel des Stromes mag die Seele manchmal verzagen, aber Schah ᶜAbdul Latif ruft Sohni den Koranvers zu: »Verzweifelt nicht an der Gnade Gottes« (Sura 39:62). Wenn ihr Krug zerbrechen wird, so hat das einen tieferen Sinn: es ist das Zerbrechen aller sekundären Ursachen, aller weltlichen Bindungen. Das ist ein allgemeiner Gedanke in der islamischen Mystik, aber gerade in der indo-persischen und Urdu-Dichtung vom 16. bis zum 19. Jahrhundert findet man Tausende von Beispielen für die Verwendung des Wortes *schikast*, »Zerbrechen«, und noch Ghalib (1797-1869) ruft aus:

Bin des eigenen Zerbrechens Klang.

Denn zerbrochen zu werden ist die Voraussetzung für einen Neuanfang. Maulana Rumi hat in Versen, die vielleicht Schah ᶜAbdul Latif inspiriert haben, von dem schwachen Boot »Mensch« gesungen, das zerschellen wird, wenn die Woge des *alast*, der göttlichen Anrede an den Menschen im Urvertrag, es überströmt, wenn das Herz sich daran erinnert, wie es vor aller Zeit vom Schöpfer angeredet wurde: »Bin Ich nicht euer Herr?« (Sura 7:172). Wenn der Mensch plötzlich seiner urewigen Bindung an Gott, den Herrn und Geliebten gedenkt, wird er ausgelöscht und kehrt für einen gesegneten Augenblick zurück in den Zustand, »wo er ist, wie er war, bevor er war«, wie Dschunaid, der führende Mystiker von Bagdad (gest. 910) es einmal formuliert hat.

Deshalb muß auch Sohnis Krug zerbrechen, damit sie nicht mehr durch irdische Bindungen vom göttlichen Geliebten getrennt ist:

Bring' nicht dich selbst mir dir,
und geh ohne äußere Mittel:
Der Liebste wird denen zuteil,
die nur von Liebe geführt.

Das erste Kapitel, das gewissermaßen die Tonart angibt, endet mit einem trostvollen Sang, in dem Sohni versprochen wird, daß diejenigen, die nach Liebe dürsten, endlich »reinen Wein« (Sura 76:21) trinken werden – das ist der den Gläubigen im Paradies verheißene Trank der göttlichen Gnade und Liebe.

Nun beginnt die eigentliche Erzählung: wie immer setzt Schah Abdul Latif bei der dramatischen Stelle ein: Sohni merkt, daß der Krug sich auflöst und sie nicht weiterschwimmen kann. Verzweifelt ruft sie den fernen Geliebten an, der hier, wie auch sonst, *Sahar* genannt wird (denn die Geliebten in diesen Geschichten werden mit immer neuen Namen angerufen, hat doch der göttliche Geliebte die »schönsten Namen«):

161

In der furchtbaren Flut des Flusses,
  wo der Schrei der Schrecken schlug,
inmitten feindlicher Mächte:
  wohin ging der tönerne Krug?
O Sahar, Herrscher du klug –
So hilflos ward ich auf dem Weg!

In der furchtbaren Flut des Flusses
  die mächtigen Krokodile,
gewaltige Alligatoren,
  im Strome, unzählbar viele –
Ich finde im Leib keine Kraft mehr
  getrennt von dir, o Gespiele
Fürst! Sahar! Zum Reiseziele
laß mich, o Edler, gelangen!

In der furchtbaren Flut des Flusses,
  wo die Strudel tosen und toben,
Ich, zwischen den Bestien bebend
  und immer von Feinden umwoben!
Sei gütig, Geliebter! Aus Liebe
  zieh deine Freundin nach oben,
  streck aus deine Hand von droben,
errette vom Abgrund mich!

Aber diese Anwandlung von Verzweiflung, die Sohni in einem
Augenblick scheinbarer Gottverlassenheit erfährt, geht vor
über. Sie weiß freilich, daß es unmoralisch war, ihren legitimen
Ehegatten zu verlassen, um zum Geliebten zu eilen; denn das
ist nach dem Gesetz wie auch nach normalen Moralvorstel
lungen sündhaft (und es kann vorkommen, daß orthodoxe
Hörer dieses Liedes ihre Bedenken gegen eine solche geset
zeswidrige Handlung durchaus mißfällig ausdrücken!). Abe

gehört es nicht zur Liebe, alle weltlichen Bindungen, alles »normale« Benehmen zu verachten, sich dem Tadel der Menge auszusetzen? »Liebe ist Aufgeben der Scham«, sagt ein altes Sufi-Wort, und so singt auch Sohni durch Schah ᶜAbdul Latifs Mund:

Verstand, Religion und Scham –
alle drei hat die Liebe vernichtet!

Denn der Liebende, die liebende Seele, steht außerhalb der Schranken äußerer Formen. Auch Maulana Rumi, von der leidenschaftlichen mystischen Liebe zu dem Wanderderwisch Schams-i Tabriz völlig aus seinem normalen Leben als respektabler Professor und Familienvater gerissen, hat immer wieder mit Staunen gesungen, wie er nun, statt sich der Wissenschaft und Frömmigkeit zu widmen, Tanz, Musik und Dichtung gelernt hat.
Sohni, völlig der Liebe hingegeben, bemerkt kaum mehr den Strom, der sie noch eben so erschreckt hatte:

Wer sich nach Sahar sehnt,
sucht nicht nach Fähre und Boot.
Wer nach der Liebe dürstet,
Für den sind die Flüsse nur Stufen.

Schah ᶜAbdul Latif preist nun die tapfere Frau, hier Todi genannt: sie verdient mehr Ehre als alle anderen, weil sie das *alif* mit dem *mim* ins Herz gelegt hat: *alif* ist der erste Buchstabe des Alphabets, die Chiffre für Gott den Einen, der Buchstabe, in dem die Weisheit der Welten, die Weisheit der vier offenbarten Bücher enthalten ist, wie es die Sufis in Ost und West immer aufs neue gesagt haben, sei es Hafiz, der feststellt, daß auf der Tafel des Herzens nichts als das *alif* der Gestalt des

163

Geliebten geschrieben ist, sei es der türkische Dichter Yunus
Emre (gest. um 1321), der, im Einklang mit indo-pakistanischen
Mystikern feststellt:

Der Sinn der vier Bücher
liegt in einem alif,

oder die Sindhi- und Pandschabi-Volksdichter, die bitten:

Molla mar ma mun
Molla, schlag mich nicht,

weil sie nur den ersten Buchstaben des Alphabetes gelernt
haben. *Mim* aber, der Buchstabe *m*, ist mit dem Propheten
Muhammad verbunden, dessen himmlischer Name *Ahmad* ist,
und wahrscheinlich bezieht sich Schah ʿAbdul Latifs Bemerkung auf das berühmte außerkoranische Gotteswort, das seit
dem späten 12. Jahrhundert in den östlichen Teilen der islamischen Welt immer wieder zitiert wurde: Gott sprach »*Ana
Ahmad bila mim*, Ich bin Ahmad ohne das *m*, d.h. *Ahad*,
Einer«. Nur ein einziger Buchstabe, das *m*, trennt Gott und
Seinen Gesandten, und da der Zahlwert des *m* 40 beträgt,
wurde dieses angebliche Gotteswort als Hinweis auf die vierzig
Stufen verstanden, die den Menschen von Gott trennen. Vierzig
enthält natürlich auch eine Anspielung auf die vierzig Tage
der Klausur, die der Derwisch zur Läuterung unternimmt, wie
es auch sonst allgemein als die Zahl der Geduld und Ausdauer,
der Vorbereitung auf eine neue, bessere Zeit dient.
Durch die Einführung eines solchen Buchstabenrätsels (nämlich dem Spiel mit dem *alif* und dem *mim*) soll Sohni als echte
Sufi-Seele charakterisiert werden, und als solche sollte sie sich
immer daran erinnern, daß der Weg des Suchers von der
*scharī*a, dem breiten Weg des Religionsgesetzes, auf dem alle

Muslime wandeln müssen, zur *tariqa*, dem mystischen Pfad, führt, durch die man dann zur Erkenntnis und damit zur göttlichen Wahrheit zu gelangen hofft. Denn die liebende Seele sehnt sich nach der schleierlosen Erkenntnis, der seelischen Schau des Geliebten. Ist sie dann im *Otaq*, dem Herrschergemach, angekommen, wo der Ersehnte in aller Pracht thront, wird sie die beiden einander ergänzenden Tugenden »Geduld« und »Dank« üben, aber kein Laut wird nach draußen dringen, denn das Geheimnis der Liebeseinigung darf unter keinen Umständen bekannt werden.

Sohni, die Seele, weiß all das, und so muß sie ihren Weg durch den Strom nehmen, muß den Weg der völligen Selbstaufgabe gehen. Deshalb ruft der Dichter bewundernd aus:

Zögern hielt Sohni nicht zurück
zum Strome hin führte ihr Eilen –
Welch arme Mutter geboren,
solch Kind – sie mag sich wohl rühmen,
und sähest du ihren Vater,
du würdest ihn auch wohl lieben.

Wie könnte sie auch zögern? »Tag und Nacht ist Mehar in ihrem Herzen!« Und während andere Mädchen gern an heißen Sommertagen ein kühlendes Bad nehmen, springt Sohni selbst in eisigen Winternächten ins Wasser.

Schah ᶜAbdul Latif übersetzt Sohnis Seufzer und Klagen in Poesie: Der Ton der Kuhglocken erinnert sie immer an ihren Geliebten (und man sollte hier wohl daran denken, daß der Prophet Muhammad den Laut, der das Eintreffen einer Offenbarung ankündigte, mit dem Ton einer Glocke verglichen hatte: die Glocke bringt Kunde vom Geliebten). Die Sucherin bleibt nur dadurch lebendig, daß sie ständig des Freundes gedenkt, denn das Gedenken an den göttlichen

Geliebten hält die Seele wach, wie es der Sufi in seinen *dhikr*-Übungen erfährt. Ist es nicht der Name des Geliebten, der für die liebende Zulaikha Speise und Trank war und den die Heldin der Sindhi Poesie »mit beiden Händen umklammert«? Aber wo könnte der Geliebte sein? Immer wieder scheint er sich vor der Sucherin zu verbergen, deren einziger Wunsch es ist, in sein Herrschergemach zu gelangen. Von diesem Wunsch beflügelt, stürzt sie sich noch einmal in die Flut – um zu erfahren, daß der Krug zerfällt.

Sie sinkt in den brausenden Strudel, »Augen und Gesicht dem Büffelhirten zugewandt«. »Gewiß, fern ist er dem Gesehen-werden, doch nahe ist seine Liebe«. Denn wie der Koran sagt, »nicht erreichen Ihn die Blicke (Sura 6:103)«, stellt er doch auch fest, daß Er dem Menschen »näher als die Halsschlagader« ist (Sura 50:16).

Sohni sieht, wie sich der Krug auflöst, und lernt die alte Weisheit der Sufis, daß wahres Leben darin liegt, das Leben zu verlieren. Der Leser wird dabei sogleich an die Verse des Märtyrer-Mystikers Halladsch denken:

Tötet mich, o meine Freunde,
denn im Tod nur ist mein Leben...

Dieses Gedicht hat den späteren Mystikern, vor allem Rumi, oftmals als Meditationsgrundlage gedient, aus der sie das Wissen um das ständige »Sterben vor dem Sterben« entwickelten, wie es in dem angeblichen Wort des Propheten, »Sterbt, bevor ihr sterbt« gelehrt wird: denn jedes Opfer eines Teiles des menschlichen Selbst, jedes »Sterben«, führt zu einem neuen Leben auf einer höheren Stufe. Das ganze Leben des Suchers ist nichts als eine aufsteigende Folge von Tod und Wiedergeburt, ein ständiger Aufstieg, in dem die niederen menschlichen Eigenschaften des Menschen durch höhere, göttliche ersetzt werden, entsprechend dem alten Lehrwort »Qualifiziert euch mit den Qualitäten Gottes«. Deshalb, so sagt Schah ᶜAbdul Latif, zerbricht der wahrhaft Liebende nicht nur seinen Krug, sondern sich selbst, um endlich Erfüllung seiner Sehnsucht zu finden.

Sohni scheint einem Fisch zu gleichen, der es an der Luft nicht aushält, sondern immer nur denkt »Wie kann ich Wasser trinken?«

Der Fisch nur wird vom Meere niemals satt,

so hatte schon Rumi in den Einleitungsversen zum *Mathnawi* gesagt.

Sohni lebt im Strom, der sie – wenn sie auch äußerlich tot ist – zum Geliebten führt. Sie ist völlig entworden, und auf sie treffen die Worte zu, die Rumi in *Fihi ma fihi* über Halladsch schreibt:

Versunkenheit ist das, wo man nicht mehr da ist, und keine Anstrengung mehr machen kann; man hört auf zu handeln und sich zu rühren und ist im Wasser untergegangen. Jede Handlung, die von einem ausgeht, ist nicht die eigene Handlung, es ist die Handlung des Wassers. Aber wenn jemand im Wasser noch mit Händen und Füßen schlägt, nennt man das nicht Versunkensein, oder wenn er noch aufschreit: »O, ich ertrinke!« das nennt man auch nicht Versunkenheit. Nehmt doch dies ana 'l-haqq, »Ich bin die Göttliche Wahrheit«. Manche Leute halten das für eine große Prätention, aber »Ich bin die Göttliche Wahrheit« zu sagen, ist in Wirklichkeit große Demut. Zu sagen »ich bin Gottes Diener« ist ein großer Anspruch, denn man behauptet, daß zwei bestehen, einer er selbst und der andere Gott. Aber wenn einer sagt »Ich bin Gott«, das heißt: »Ich bin nichts, alles ist Er, nichts existiert

als Gott, ich bin ganz und gar Nicht-Sein ich bin nichts« –
dann ist die Demut größer...
Jener ist im Wasser versunken, in dem keine Bewegung und
keine Handlung und keine Aktion mehr vorhanden ist, son-
dern dessen Bewegungen alle Bewegungen des Wassers sind.

So ergeht es nun der liebenden Sohni. Denn ihre Liebe zu
Mehar ist ewig. Sie bestand, genau wie Sassis Liebe zu Punhun,
wie die Liebe Maruis zu den Marus seit dem Tage des Urver-
trages. Die Worte *alastu bi-rabbikum*, »Bin Ich nicht euer
Herr?« bilden daher den Auftakt einer ganzen Serie von Versen:

> *Die Schönheit des Liebsten bestand,*
> *bevor die Geschicke geschrieben,*
> *noch war kein »Es werde!« und auch*
> *   nicht andere Rede bekannt,*
> *die Engel waren noch nicht,*
> *   als Sohnis Klage entbrannt,*
> *   als sie mit dem Hirten verband*
> *die Liebe. – So sagte Latif.*

> *Als Er die Seelen fragte:*
> *»Bin Ich nicht euer Herr?«*
> *ward gutes Omen im Herzen*
> *   urewiges Ja, das ich sagte.*
> *Damals ergriff ich die Liebe*
> *   Mehars, ich Unverzagte.*
> *   Daß ich zu folgen ihm wagte,*
> *o Freundinnen, das ist mein Recht!*

Wie hätte sie sich von ihm abwenden können, da ihre Liebe
zu ihm ja schon auf der Wohlverwahrten Tafel geschrieben
stand? Gewiß, viele Seelen haben seit dem Tage des Urvertra-
ges den Weg zum Geliebten gesucht, aber sie waren kurzsich-

tig, hielten die vielfältigen Wellen der irdischen Erscheinungen für Wahrheit und haben sich von ihnen täuschen und forttragen lassen und das eigentliche Ziel aus den Augen verloren. Sohni aber ist damit begnadet worden, daß sie sich nicht den täuschenden wechselnden Formen der Welt hingegeben, sondern sich ganz auf die Liebe konzentriert hat. Daß sie in den Strom tritt, war der Beschluß des göttlichen Geliebten, und wenn der etwas beschließt, kann man nicht ausweichen: Seine Liebe zieht die Seele an und gibt ihr die Kraft, in den Strudel zu springen – so, wie es Punhuns Durst nach Sassi war, der sie auf dem gefährlichen Pfad durch Berge und Wüsten durchhalten ließ.

So erfährt Sohni es:

Schwarz die Nacht und roh der Krug,
und kein Floß aus Ziegenhaut,
und um des Geliebten willen
keine Muße, keine Ruh.
Für die Liebe war der Strom
gleich der Steppe trocken.

Gewiß, die Liebende hatte einen Augenblick gezittert, aber nun scheint ihr der Fluß trocken. Auf der irdischen Ebene freilich ertrinkt sie, und Mehar fleht die Fischer an, ihre Netze auszuwerfen, den grausamen Fluß anklagend. In dieser Szene wird der ambivalente Charakter des Geliebten deutlich: einmal ist er der schwache irdische Freund, wie man ihn aus der traditionellen Erzählung kennt, zum anderen aber dient er als Symbol für den urewigen Geliebten.

Sohni ist die Stärkere von beiden, denn ihr Sinn ist nicht auf den sichtbaren Geliebten gerichtet, den die Sufis als »metaphorischen Geliebten« zu bezeichnen pflegten. Ihre Liebe ist unsterblich; sie hat ihr Herz zu einem Spiegel gemacht, in dem man den Freund erblicken kann: die Liebende, durch Leiden ganz geläutert, ist dem Geliebten als sein Spiegel näher als er sich selbst, wie es die Sufis zumindest seit den Tagen Ahmad Ghazzalis (gest. 1126) ausgedrückt haben.

Schah ᶜAbdul Latif schließt die Geschichte der im ewigen Ozean Ertrunkenen, Entwordenen mit dem Bekenntnis zur Einheit alles Seienden. Dabei bezieht er sich wieder auf Halladsch, in der Literatur oft mit seinem Vatersnamen *Mansur*, »siegreich« genannt, dessen Gestalt bereits in der Geschichte Sassis heraufbeschworen wurde und dessen Schicksal auch dem Gleichnis von dem völligen Versinken im Wasser zugrundeliegt. Aber warum ist nur er für seinen Ausspruch *ana 'l-ḥaqq* hingerichtet worden? Sagt nicht alles Geschaffene »Ich bin die göttliche Wahrheit«?

Wasser, Erde, Strom: ein Schrei!
Baum und Busch: ein Klagen.
Alle Dinge wurden
würdig des Galgens.
Tausende von Mansurs –
wie viele willst du noch hängen?

Überall des Freunds,
überall des Liebsten Gegenwart:
das ganze Land ist Mansur –
wie viele willst du noch töten?

Die hunderttausend Gewänder der Wellen erscheinen nur dem äußeren Auge unterschiedlich; doch das Meer, das Wasser, ist ein und dasselbe. Wer, wie Sohni, in die Tiefen sinkt, denkt nicht mehr nach. Wer im göttlichen Meer ertrinkt, vergißt das Überlegen; intellektuelle Bemühungen haben keinen Raum mehr im ekstatischen Liebeserlebnis – eine Wahrheit, die Rumi im *Mathnawi* in der Geschichte vom hochmütigen Grammatiker angedeutet, der beim Untergang des Bootes vom Schiffer belehrt wird, daß nicht Grammatik, *nahw*, nötig ist, sondern Entwerden, *mahw*. (M I 2838f.).

Es gibt kein Begehren mehr; das scheinbare Brausen der Wellen, der Schaum und die tobende Flut, die Sohni am Anfang noch ängstigten, sind jener Seele nicht mehr bewußt, die in die unauslotbare Tiefe des göttlichen Ozeans gesunken ist.

Schah ᶜAbdul Latif widmet das Ende dieses Abschnittes nur noch dem Lob des Meeres, jenes Ozeans der Gottesliebe, in dem Sohni »ertrank« und in dem sie den Geliebten fand – so wie der Sucher in ᶜAttars *Musibatnama* den göttlichen Geliebten im Meer der Seele findet. Und wo hätte ein solches Meer Grenzen und Ende?

> *Nicht hat das Sehnen ein Ende,*
> *nicht hat das Lieben ein Grenzmal.*
> *nicht hat die Liebe wohl Zahl –*
> *nur sie selbst kennt ihre Größe.*

Sohnis Schicksal ist die klarste Darstellung des Entwerdens im Wasser, aber für einen Mystiker, der nahe dem gewaltsamen Strom Indus lebte, war die Wassersymbolik ganz natürlich. Vielleicht das bekannteste Kapitel in seiner *Risalo* ist – durch Allan Faqirs Gesang berühmt geworden – *Samundi*, der Sang vom Meer, in dem er von der Frau des Schiffers erzählt, die sehnsüchtig darauf wartet, daß ihr Mann von seiner weiten Reise zurückkehrt; sie bindet Stoffstückchen an die Bäume, wie man das heute noch beim Ablegen von Gelübden tut, und gießt Parfüm auf die Wellen des Stromes, damit er glücklich und gesund zurückkehre, und aus Aden oder Sri Lanka kostbare Juwelen oder Gewürze nach Hause bringe.

Hier, wie in *Sur Srirag* (in dem das Vokabular des Sassi-Zyklus verwendet wird), nimmt der Dichter seine Beschreibungen aus dem täglichen Leben der Sindhi-Frauen, deren Männer mit dem gefährlichen Strom und mit dem Meer zu kämpfen haben, während in *Sur Ghatu*, einem kurzen Kapitel, die Sindhi-Geschichte von dem kleinen Morirro als Thema verwendet wird, der ein Seeungeheuer, das schon alle seine Brüder getötet hatte, erlegt. Aber so interessant diese Kapitel vom folkloristischen Standpunkt aus sind, das eigentliche Thema der mystischen Erfahrung ist in ihnen nicht so klar ausgedrückt wie in den großen Schilderungen der liebenden Frauen, ob sie nun in den Bergen oder im Strom sterben oder, wie Marui, in der Wüste Thar ihre eigentliche Heimat sehen, der sie immer treu bleiben.

Omar Marui

Sassi und Sohni versuchen, durch ihre Wanderungen, durch ihr todesmutiges Eintauchen in den Strom, den urewigen Geliebten zu erreichen, aber es gibt auch Seelen-Frauen, die ihr Leben in Geduld, wenn auch in immer größer werdender Sehnsucht verbringen, gefesselt in dieser Welt und nicht imstande, aus eigener Kraft in die Heimat, zu dem Geliebten zurückzukehren. Suhrawardi, der Meister der Erleuchtung (getötet 1191) hat von der *ghurbat al-gharbiyya* gesprochen, vom »westlichen Exil«, in dem die Seele in der Dunkelheit gefangen ist und sich grämt, bis sie endlich den Heimweg in den Orient der Lichter, in das heimatliche Land Jemen findet, zu jenem Ort der Glückseligkeit, von wo ihr einst der »Duft des Odems des Erbarmers« zugeweht war. Es ist die Symbolgruppe, zu der einige der verbreitetsten Bilder der orientalischen Poesie gehören. Der Seelenfalke, der bei dem alten Weib »Welt« gefangen ist, die Gazelle, die man in den Kuhstall gesperrt hat, der Elefant, der sich in der Gefangenschaft nach dem heimischen Indien sehnt und wenn er einmal dieses Land im Traum erblickt hat, sich losreißt:

> *Der Elefant, der gestern im Traume Indien sah,*
> *sprang aus der Fessel – wer hat, ihn festzuhalten, Macht?*

fragt Rumi.
In Schah ᶜAbdul Latifs Dichtung ist Marui die Repräsentantin dieser Sehnsucht nach der Heimat, der Seele, die sich ständig ihres Ursprungslandes erinnert.

Marui ist ein Dorfmädchen aus der Wüste Thar im Südosten des heutigen Pakistan. Sie liebt ihr Dorf, liebt die Marus – das sind ihre Freunde und Verwandten, und sie geht, wie so viele Mädchen, zum Dorfbrunnen, um Wasser zu holen. Der mächtige Omar von Omarkot erfährt von der Schönheit des Mädchens und entführt sie in sein Schloß in Omarkot. Er will sie für sich gewinnen, aber Marui widersteht all seinen Verführungskünsten; sie denkt nur an die Ahnenheimat, an »den ersten Geliebten«, bis sie endlich von dem Fürsten, der ihren Widerstand nicht brechen kann, zurückgeschickt wird, als der Regen die Wüste hat grünen lassen. Nach einer Version wird sie von ihren Angehörigen getötet, weil man ihr nicht glaubt, noch unberührt zu sein; aber Schah ᶜAbdul Latif sagt nichts über das Ende; Sehnsucht und Erinnerung, Hoffnung auf die Rückkehr, das ist sein Thema ...

Wie in den anderen *Surs* beginnt der Dichter auch in *Sur Marui* sogleich in der Mitte der Erzählung und führt seine Hörer in das Schloß von Omarkot, wo sich die Entführte alleine aufhält. In der Gefangenschaft gedenkt sie ständig der urewigen Liebe, die sie für die Marus empfindet – der Plural, Marus, steht hier wie so oft, für den Einen wahren Geliebten, der sich unter den verschiedensten Formen manifestiert und sich doch niemals beschreiben läßt; auch Sassi spricht in ihren Monologen mehrfach von den »Ketschis«, wenn sie Punhun meint (abgesehen davon wurden heiligmäßige Männer oft mit Pluralformen benannt – man denke an Sufiführer wie Nizamuddin *Auliya*, »Heilige« oder die Bezeichnung zentralasiatischer Derwische als *ischan*, »sie«.) In Schah ᶜAbdul Latifs Werk dürfte es aber ein Hinweis auf die mannigfaltigen Manifestationen des Göttlichen sein, so wie sein Landsmann Qadi Qadan zweihundert Jahre vor ihm Gott als Banyanbaum sah, der mit seinen Hunderten von Luftwurzeln wie ein Wald erscheint und doch ein einziger ist.

Auch Marui begreift, wie ihre Seelenschwestern, daß ihre Liebe bis zum Anfang der Schöpfung zurückreicht, zu dem vorzeitlichen Urvertrag, da sich Gott der für einen Augenblick existentialisierten Menschheit als Herr zeigte, dem sie bis zum Jüngsten Tag Gehorsam schulden.

Marui geht es genau so wie Sassi und Sohni: jede liebende Seele weiß, daß es »keine Liebe gibt als die zum ersten Geliebten«, und der Hinweis auf das *alastu* des Urvertrags durchzieht nicht nur den ersten Teil des *Sur*, sondern klingt ganz am Ende nochmals an.

>*Bin Ich nicht euer Herr?«*
 Ich hörte, wie Gott fragte.
>*Sie sprachen: Ja!« Von Herzen*
 war ich dort, die es sagte.
 Zu jener Zeit gelobt' ich
 den Waldbewohnern Treue.

Und noch mehr: schon vor diesem wunderbaren Ereignis, bevor noch Sonne und Mond erschaffen wurden, ehe die Welt entstand und der Geist erschaffen wurde, noch ehe Gott das schöpferische Wort »Sei« gesprochen hatte, liebte Marui die Marus, denn damals war sie noch ungetrennt mit ihnen vereint. Das Mädchen denkt an diese Zeit absoluter Einheit in dem Einen Gott, dem *deus absconditus*, und klagt nun, daß das Geschick, und das bedeutet hier »die Entstehung der Schöpfung«, die ja Zweiheit in sich schließt, sie von den Geliebten getrennt hat. Das Geschick aber, so weiß sie, ist »eine starke Festung«, die den Menschen gefangen hält.

Aber es gibt ja immer göttliche Worte, mit denen sich die Seele in diesem Exil trösten kann: sagt nicht Gott im Koran (Sura

50:16) »Wir sind dem Menschen näher als die Halsschlagader«? Arabische Sprüche, Worte des Propheten kommen Marui in den Sinn: »Hier ist mein Leib, doch das Herz ist bei euch«. Es ist ja allzuwahr, was der arabische Dichter sang:

Meine Augen weinen Blut in der Trennung von dir!

Aber hatte nicht der Prophet auch gesagt: »Alle Dinge kehren zu ihrem Ursprung zurück«? So träumt die Entführte davon, zu ihrem Ursprung, nach Malir, zurückzukehren, und das Kapitel nimmt dieses Thema im abschließenden Chorlied nochmals auf:

Könnt' ich in die Heimat gehen,
 zu dem väterlichen Erbe,
daß ich heimgeh in Malir,
 nah' den Wüstenblumen sterbe!

Manche ihrer Verse erinnern an die Lieder, die man in der indo-pakistanischen Volksliteratur von den jungverheirateten Frauen kennt, die sich oft so unglücklich in dem neuen Heim bei Schwiegermutter und Schwägerinnen fühlen und sich nach der Liebe der Eltern und Geschwister sehnen. Denn das Exil erscheint dem jungen Mädchen oft unerträglich.

Kein Bote, kein Wanderer, kein Kamelreiter kommt...
Keine Kunde, kein Traum, kein Kamelreiter kommt...

So stöhnt sie, Vers um Vers. Es ist die Zeit der Gottverlassenheit, der dunklen Nacht der Seele, in der auch nicht das kleinste Gnadenzeichen des geliebten Herrn als Trost erscheint. Auch Maruis Klageruf »Kein Bote, kein Kamelreiter kommt« durchzieht die spätere Sindhi-Dichtung und klingt vor allem in der Lyrik Satschal Sarmasts wieder, der Schah ʿAbdul Latifs Themen aufgenommen und erweitert hat, seine Mädchen-Seelen aber noch ekstatischer, kühner, leidenschaftlicher singen läßt.

Nein, niemand erscheint, und wenn Marui selbst versucht einen Brief an die Geliebten zu schreiben, fallen Tränen auf die Feder, und die Tinte wird verwischt.

Das Motiv des Wartens auf einen Brief und des vergeblichen Versuchs, ein paar Zeilen an das geliebte Wesen zu schreiben, bildet in der mystischen Literatur ein wichtiges Thema. Für die Dichter sind schon seit früher Zeit die Tränen der/des Liebenden die wirklichen Briefe, denn rot vom Blut der tränenden Augen, schreiben sie auf den verdorrten, pergamentgleichen gelblichen Wangen »Buchstaben, die auch jemand lesen kann, der nicht zu lesen weiß«, wie es einst der Bagdader Mystiker Schibli (gest. 945) formulierte. Und auch der bengalische Volksdichter läßt seine Heldin singen:

Ich habe aus meinen Fingern die Feder gemacht
und Tinte aus meinen Tränen,
aus meinem Herzen Pergament –
das will dem Liebsten ich senden!

Der Briefbote ist in der klassischen Dichtung meist die Brieftaube (Taubenpost war im mittelalterlichen Islam hochentwikkelt); diese wird dann oft mit der »Taube des Heiligtums«, nämlich den in Mekka nistenden Tauben, gleichgesetzt, die ja in der ständigen Nähe des religiösen Zentrums, des »Hauses Gottes«, der Kaaba, leben. In Sind aber ist es die Krähe, *kang,* die von den liebenden Mädchen immer wieder beschworen wird, doch Nachrichten vom Geliebten zu bringen; wie schon in Zusammenhang mit Sassi erwähnt, verspricht die Liebende dem Botenvogel alle Arten von Belohnung, und wenn Sassi dem Vogel, der nahe dem Geliebten lebt, ihr Fleisch, ihre Augen anbietet, so verspricht die Heldin in Satschal Sarmasts

Sur Malkauns Zuckerwerk und will ihm die Schwingen mit Goldfäden umwinden, falls er ihr Kunde vom Freunde bringt, und das ach so verständliche Sehnen der liebenden Seele nach dem Gnadenzeichen wird in immer neuen Anreden an die »liebe gute Krähe« ausgedrückt.

Das Motiv des Schreibens, und das heißt für den Sufi auch, die alte Buchstabensymbolik, erscheint mehrfach in Schah ꜥAbdul Latifs *Risalo*. Ist nicht die liebende Seele mit dem Geliebten so verbunden, wie der Schreiber die beiden Buchstaben *alif* und *lam, a* und *l*, kunstvoll miteinander verbindet, so daß sie das Wort *la*, »kein«, also den Anfang des Glaubensbekenntnisses bilden und damit auf die Tatsache hinweisen, daß es keinen Gott außer Gott und damit keinen Geliebten außer dem einen, urewigen und unendlichen göttlichen Geliebten gibt?

Doch ist der Leser überrascht, daß das Thema des Briefeschreibens hier eine so wichtige Rolle spielt, da in Sind nur ganz wenige Menschen des Lesens und Schreibens kundig waren und eine Frau kaum je die Möglichkeit hatte, schreiben zu lernen (in vielen Gebieten mochte man die Mädchen vielleicht ein wenig Lesen lehren, doch kein Schreiben, »damit wir keine Liebesbriefe schreiben könnten«, wie mir eine alte Türkin aus einer sehr guten Familie einmal mit schelmischem Lächeln sagte). Aber die Briefe, die Marui erwartet, sind ja Worte der Gnade, und wenn sie schreiben will, so sind Tränen ihre Tinte. Und auch in der Lyrik Bullhe Schahs heißt es:

> *Ich schreibe abends Briefe –*
> *mein Geliebter ist nicht gekommen.*

Aber selbst wenn keine Nachricht vom Dorfe kommt, wenn kein Traum ihr den Geliebten zeigt, so kann Marui doch immer wieder die Erinnerung an die Heimat heraufbeschwören; sie denkt daran, daß die Hirten in ihrem Dorf niemals Seide tragen – und doch, wie viel schöner sind ihre groben roten Wolldecken als die kostbaren Schals, der Samt und die Seide, mit denen Omar sie zu verführen sucht! Wie viel angenehmer ist ihr Geruch als der Geruch von Moschus und Ambra!

Daß Marui sich besonders des heimischen Duftes erinnert, ist nicht von ungefähr, erfuhren die Sufis doch manches Mal das sanfte Wehen der Duftwogen, die Gott in ihre Seelen sandte und die ihnen Kunde vom Geliebten brachten, den ihre Augen nicht sehen konnten – Hauche der Vertrautheit, Duftströme der Schönheit. Hatte nicht der Prophet die duftende Brise verspürt, die ihm von dem frommen Uwais al-Qarani aus Jemen Kunde brachte, und ausgerufen »Ich spüre den Odem des Erbarmers zu mir aus Jemen kommen«? Dieser Gedanke dürfte auch Maruis Versen zugrundeliegen, wenn sie den »Duft der Bekanntschaft« ersehnt, der sie im Exil trösten soll.

Arm sind die Marus in Malir, aber Marui empfindet diese Armut als etwas Schönes und Kostbares; denn der Sufi soll, wie der Prophet, sprechen: »Meine Armut ist mein Stolz«. Im Schloß träumt sie davon, mit den Gefährtinnen zusammen zu sein. Mit der Familie Durst zu leiden ist süßer, als Scherbet zu genießen! Und wie könnte sie ruhig unter warmen Steppdecken schlafen, wenn ihre Freunde im Dschungel wandern und im kalten Tau nächtigen?

All die Geschenke, die Omar ihr bietet, lehnt sie ab, denn die Seele soll sich nicht von den Lockungen der »schön gezierten« Welt (Sura 3,14) verführen lassen und dann ihre wirkliche Heimat vergessen. Lieber will sich Marui ganz vernachlässigen; die Halsketten, die Omar ihr schenken will, sind ihr gleichgültig; sie weist alle Gaben ab und wendet ihr Gesicht nur der Heimat zu. In ihrem Herzen brennt das Feuer der Trennung, raucht der Schmerz. Daher ist ihr Gesicht schmutzig geworden, denn die Seele im Exil verfärbt sich, verliert ihre

Schönheit. Furcht bedrängt sie, wie sie denn überhaupt in ihrem jetzigen häßlichen Aussehen in die Heimat zurückkehren kann, wo alle in urewiger Schönheit strahlen? Man darf hier sicher eine Anspielung auf das von den Sufis so geliebte Prophetenwort »Wahrlich, Gott ist schön und liebt die Schönheit« sehen.

Und so singt die im Gefängnis der Welt – sei dies Gefängnis auch so reich geschmückt wie Omars Zelt – fast verzweifelnde Marui:

Verloren hab ich die Schönheit –
bin schmutzig anzusehen –
wie kann ich dorthin gehen,
wohin nie ein Unschöner kommt?

Verloren hab ich die Schönheit –
der Lieblichkeit lieblichen Strahl;
Im Herzen der Qualm der Qual –
so ward mein Antlitz beschmutzt.

Verloren hab ich die Schönheit –
hierher kam ich erst jetzt eben!
Wie kann ich den Mangel beheben?
Die Schönheit verging mir allhie.

Verloren hab ich die Schönheit –
wo ging die Vollkommenheit hin?
Wie kann ich nach Hause gelangen,
so elend wie ich bin?
Wer gibt mir der Schönheit Gewinn,
damit ich die Hirten erblicke?

Verloren hab ich die Schönheit –
wie kann ich zur Heimat kommen?
Ich, der man die Schönheit genommen,
wie kann ich die Hirten sehn?

Verloren hab ich die Schönheit –
wie kann ich die Hirten erblicken?
Die einst der Schäfer Entzücken,
gestaltlos grämt sie sich nun!

Verloren hab ich die Schönheit –
wer sollte mich jetzt noch empfangen?
Nicht Freude, kein liebend Umfangen,
wenn die Hirten die Häßliche sehn!

Verloren hab ich die Schönheit –
kam gestern in diesen Palast:
Geschenk ist und Gunst mir verhaßt –
Hier ist meine Schönheit verblaßt!

Sie wäscht sich das Haar nicht (und wer die strikten Reinheits-
vorschriften des Islam kennt, versteht, welch ein ungewöhn-
licher Akt das ist). Denn sie gibt nun fast die Hoffnung auf,
daß die seit jeher Geliebten sie in ihrer gegenwärtigen Ge-
staltlosigkeit und Häßlichkeit überhaupt erkennen. Sie denkt
der Tage, da sie Dickmilch gekirnt und Wasser aus dem
Brunnen geschöpft hat, um das durstige Vieh zu tränken –
und die folgenden Kapitel sind mit Beschreibungen der dörf-
lichen Tätigkeiten, der Kleider, Pflanzen, Tiere der Thar erfüllt
und bieten so ein realistisches Bild des Lebens in einem weit
von der Zivilisation entfernten Wüstendorf – so realistisch, daß
man fast alle dort erwähnten Ingredienzien an Kräutern und
für Speisen noch heute finden kann.

Wenn urbane Dichter das urewige Paradies mit dem Rosengarten vergleichen, in den sich die Seelennachtigall zurücksehnt, oder mit dem Riedbett, aus dem die klagende Flöte geschnitten ist, so ist es durchaus verständlich, daß für Marui das »Dorf der Ahnen« den Ort ewiger Seligkeit verkörpert. Sie denkt daran, wie die Steppe grünt, wenn der Regen fällt und die Marus fröhlich sind – ist doch der Regen, wie die Dichter immer wieder singen, ein Zeichen göttlicher Barmherzigkeit, *rahmat*. Schah ᶜAbdul Latif hat in seinem *Sur Sarang* eine ausführliche Beschreibung des Landes gegeben, wo sich alle – »Frosch, Ente, Ochs und Kuh« nach dem segensvollen Regen sehnen und sich der Landmann freut – der Regen ist ja auch das Symbol der göttlichen Barmherzigkeit, wie sie sich im Propheten Muhammad verkörpert. Ob man den Regen in dieser Weise metaphorisch versteht oder nicht – wer einmal die Thar Wüste nach heftigen Monsunregen gesehen hat, weiß um ihre zauberhafte Schönheit und versteht das Sehnen Maruis nach ihrer Heimat – und schließlich ist Maruis Geschichte ja nicht nur das Symbol der Sehnsucht der Seele nach dem Ersten Geliebten, sondern auch ein Hoheslied der Heimatliebe – sagte nicht der Prophet »Heimatliebe gehört zum Glauben«?

Wenn Marui dieser Gnadenzeit in der Heimat denkt, weint sie selbst wie eine Wolke, sehnsüchtig einen Boten erwartend. Sie verschließt sich vor allem, denn sie will rein bleiben, nicht durch irgendwelche irdischen Wünsche befleckt werden. Und endlich wird sie belohnt – die Marus senden einen Boten, und in der Regenzeit stimmt Omar zu, sie nach Hause zu schicken – die Regenzeit ist ja in der klassischen indischen Dichtung immer die Zeit, da man sich am stärksten nach dem Geliebten sehnt, auf Vereinigung hofft – und Marui denkt glücklich daran, daß, wenn sie heimkehrt, »alle Milch trinken werden«; ein großes Fest wird nahe den vom Regen gefüllten Brunnen gefeiert werden.

Das Thema des Regens taucht hier noch einmal auf und zwar in einem für eine Wüstenlandschaft ungewöhnlichen, aber in der klassischen islamischen Literatur und im Volksglauben weitverbreiteten Bild: der Regentropfen, so glaubt man, steigt aus dem Meer auf, die Feuchtigkeit verdichtet sich zur Wolke und sinkt dann als Regen wieder ins Meer. Wenn der Tropfen Glück hat, so fällt er in eine Muschel, die seiner schon sehnsüchtig harrt, denn sie weigert sich, das sie umgebende Salzwasser zu trinken und wartet des reinen süßen Regens, wenn möglich des heilsamen Aprilregens. Marui gleicht einer solchen Muschel – sie hat sich nicht von dem sie umspielenden salzigen Wasser, das heißt, von der sie umgebenden Pracht, den Geschenken Omars verführen lassen und hat durch »schöne Geduld« (Sura 12:18) ihr Ziel erreicht; so wird sie zum Vorbild für die Menschen:

Die Muschel in Meerestiefen,
der Wolke nur gilt ihr Hoffen;
sie trinkt nicht die salzigen Tropfen –
dem süßen Regen nur offen,
so hat sie die Perle getroffen,
Da Drangsal in dunkelster Tiefe sie litt.

So lernet alle, ihr Mädchen,
von Muscheln, wie Tugend tut;
es wechsle des Meeres Flut,
sie stehen, die Wolke erhoffend.

So lernet der Sehnsucht Sitten,
ihr Mädchen, von Muscheln nur,
die Wasser vom Himmel erbitten,
das nahe aber verschmähen.

Aber sie weiß auch, daß das Exil notwendig war. Die Heimsuchungen, die das reine Mädchen erlebt hatte, sind eine Ehre für den wahrhaft Gläubigen, denn es gibt keinen Aufstieg ohne Leiden. Rumi, wie alle anderen mystischen Dichter, hat immer wieder daran erinnert, daß man ohne Trennung von der Heimat sich nicht weiter und höher entwickeln kann; verließ nicht der Prophet seine Heimatstadt Mekka, um in Medina zum Herrscher zu werden und dann im Triumph in die Heimat zurückzukehren? Gilt nicht das gleiche für Yusuf, infolge des Verrates seiner Brüder schließlich zum »Mächtigen von Ägypten« geworden und fähig, die zu seiner Heimat gehörigen Verwandten zu trösten? Und könnte die Rohrflöte singen, wäre sie nicht von ihrer Heimat getrennt?

So wird auch Maruis Ausharren, ihre Treue, belohnt; unbefleckt von der Welt, dem glänzend verführerischen Exil, kehrt sie in das Dorf der Ahnen, in den Schoß der Ur-Heimat zurück.

Epilog.

Marui sehnt sich nach der urewigen Heimat, Sassi und Sohni werden in ihrer Sehnsucht nach dem göttlichen Geliebten ebenso geläutert wie Zulaikha in ihrer Leidenschaft für Yusuf, und wie sie sich nach dem Ursprung, der allumfassenden Schönheit sehnen, so können Frauen in der Mystik auch als die liebreizendsten, duftenden Manifestationen des Einen gesehen werden: nicht nur der Teil (die Frau, einst aus Adams Rippe geschaffen) sucht wieder das Ganze, sondern das Ganze sucht nach dem von ihm getrennten Teil. Mann und Weib gehören unlösbar zueinander, und nur ihr harmonisches Zusammensein, das ewige schöpferische Spiel zwischen *yang* und *yin* macht das eigentliche Leben aus.

Daß das männliche Prinzip zumindest im praktischen Leben immer wieder dominiert, ist in allen Religionen und Kulturen bekannt, und es ist unleugbar, daß im Islam viel Leid über die Frauen gekommen ist, weil einfache koranische Vorschriften im Laufe der Jahrhunderte immer enger ausgelegt wurden, weil Sitten und Anschauungen, die sich absolut nicht aus dem Koran ableiten lassen, durch eine zunehmende Erstarrung geradezu kanonischen Charakter angenommen haben. Vieles von dem, was heute als »islamisch« dargestellt wird, gehört zu diesen immer starrer werdenden Schichten. Andererseits müssen wir uns hüten, unsere Vorstellungen, die einer liberalen, oft aber auch einer »hemmungslosen« Auslegung des Begriffs »Freiheit« entstammen, als Ideale für alle Welt anzusehen – und Sitten und Gebräuche, die uns nicht gefallen, als altmodisch abzutun, ja zu verdammen. Die Übertragung gewisser »moderner« Ideale in die islamische Welt wird leicht von den Muslimen als ein neuer Versuch von Kolonisation abgelehnt und erzeugt daher scharfen Widerstand.

Für den Religionswissenschaftler gilt die Regel, daß Ideal mit Ideal, Realität mit Realität verglichen werden muß. Ich glaube daher, daß eine sorgsame Studie der Frauenbilder in der islamischen Literatur helfen kann, den Idealen etwas näher zu kommen, denn weder laszive Harems-Erotik noch volkstümliche Anekdoten über die List der Weiber haben die Kultur des Islams bestimmt. Wer mit offenen Augen die klassischen Werke der arabischen, persischen, türkischen und vor allem indo-muslimischen Völker liest (Urdu, Sindhi, Pandschabi u.ä.) wird ein ganz anderes Bild gewinnen, als er sonst findet, und in vielen Jahren, in denen ich mit muslimischen Frauen befreundet gewesen bin, habe ich vieles aus diesen tieferen Ebenen kennengelernt. Vielleicht kann eine solche Einsicht einige der Vorurteile ein wenig zurechtzurücken helfen; denn im Bereich des geistigen Lebens sollte kein Unterschied zwischen Mann und Weib bestehen, so, wie Dschami über die große Rabi͑a sagt:

Wär'n alle Frauen so, wie die, die wir genannt,
so wären Frauen wohl den Männern vorzuziehn:
Der Sonne schadet nicht das weibliche Geschlecht,
Noch dient das männliche zur Ehre für den Mond!

Quellennachweise

ᶜAbdul Latif, Schah: Risalo Sindhi, hrsg. Kalyan Adwani. Bombay 1958

Abu Nu ᶜai mal-Isfahani: Hilyat al- auliya, 10 Bde. Kairo 1932 ff.

Addas, Claude: La Quête du Soufre Rouge. Paris 1988 (jetzt auch englisch erhältlich: The Quest for the Red Sulphur).

Aflaki: Manaqib al-ᶜarifin, 2 Bde. Hrsg. Tahsin Yazici. Ankara 1959-61.

Allison, Mary Bruins, M.D.: Doctor Mary in Arabia: Memoirs. 327 pages. Austin, TX: University of Texas Press.

Andrae, Tor: I Myrtenträdgarden. Uppsala 1948; deutsch: Islamische Mystiker. Stuttgart 1960: Besser ist die durchgesehene englische Übersetzung von Birgitta Sharpe: In the Garden of Myrtles. Albany NY 1987.

Amir Khurd: Siyar al-auliya. Delhi 1310 h/1891-2

ᶜAndalib, Nasir Muhammad: Nala-i ᶜAndalib. Bhopal 1309 h/1890-1

Araz, Nezihe: Anadolu Evliyalari. Istanbul 1958.

Arberry, A.J.: A Sufi Martyr. The Apologia of ᶜAin al-Qudat al-Hamadhani. London 1969.

Asani, Ali S.: The Buj Niranjan, an Ismaili mystical Poem. Harvard Middle East Center, 1991.

Asani, Ali S.: »Bridal Symbolism in the Ismaili ginan literature«, in: R. Herrera and Ruth Link Salinger, Mystics of the Book. New York 1993.

Asani, Ali S.: »A Testimony of Love. The Git tradition of the Nizari Ismailis« in: Maria Subtelny, Hrsg., Festschrift für Annemarie Schimmel, (Journal of Turkish Studies 18) Cambridge, Mass. 1994.

Asani, Ali S.: »The Ismaili ginans as devotional literature«. In: S. McGregor, ed. Devotional Literature in South Asia. Cambridge 1993.

Asi, ᶜAbdul Bari: Tadhkirat al-Khawatin. Lucknow, s.d. (ca. 1930).

ᶜAttar, Fariduddin: Tadhkirat al-auliya. 2 Bde., Hrsg. R.A. Nicholson, London-Leiden 1905, 1907; repr. 1959.

^cAttar, Fariduddin: Ilahinama, Die Gespräche des Königs mit seinen sechs Söhnen. Hrsg. Hellmut Ritter. Leipzig 1940. Englische Übersetzung: John A. Boyle, Manchester 1976.

^cAttar, Fariduddin: Mantiq ut-tair, hrsg. Jawad Shakur. Teheran 1962

^cAttar, Fariduddin: Musibatnama. Hrsg. N. Wisal. Teheran 1959. Französische Teil-Übersetzung: Isabelle de Gastines: Le Livre de l'épreuve. Paris 1981.

Ayoub, Mahmood: Redemptive Suffering in Islam. The Hague, 1978.

Austin, R.W.J.: Sufis of Andalusia. London 1971.

Austin, R.W.J.: »The Sophianic Feminine in the work of Ibn al-^cArabi and Rumi.« In: L. Lewisohn, Hrsg.: The Legacy of Mediaeval Persian Sufism. London 1991

Ayverdi, Samiha: Istanbul Geceleri. Istanbul 1952.

Ayverdi, Samiha: Ibrahim Efendi'nin Konagi. Istanbul 1964.

Badawi, M.M.: »Islam in modern Egyptian Literature.« In: Journal of Arabic Literature 2, 1971.

Baha-i Walad: Ma^carif, ed. B. Furuzanfar. Teheran 1957.

Bannerth, Ernst: Islamische Wallfahrtsstätten Kairos. Kairo 1973.

Beaurecueil, Serge de Laurier de: Abdullah Ansari, mystique hanbalite. Beirut 1963.

Beelaert, Anna Livia: »The Kaaba as a woman – A topos in classical Persian literature.« In: Persica 13 (1988/9)

Birge, John K.: The Bektashi Order of Dervishes. London 1937, repr. 1965

Bilgrami, Ghulam ^cAli Azad: Khizana-i ^camira. Lucknow s.d., ca. 1890

Bremond, Henri: Histoire de sentiment religieux en France. Bd. VI, Paris 1926

Bullhe Schah: Divan, hrsg. Faqir M. Faqir. Lahore 1960

Burton, Richard: Sindh, and the Races that inhabit the Valley of the Indus. London 1851, repr. 1974.

Chittick, William: The Sufi Path of Knowledge. Albany NY 1989.

Chodkiewicz, Michel: Un Océan sans rivage, Paris 1991 (engl. Ü: An Ocean without shore)

Chodkiewicz, Michel: »Female Sainthood in Islam«, SUFI 21 (1994), ist eine vorzüglich Einführung in das Thema.

Cooke, Miriam & Roshni Rustomji-Kerns, eds.: Blood into Ink: South Asian and Middle Eastern Women Write War. 239 Pages. Boulder: Westview Press, 1994.

Dailami, Abu'l Hasan ad –: Sirat Ibn al-Khafif-i Schirazi, Hrsg. A. Schimmel. Ankara 1955.

Dara Schikoh: Sakinat al-auliya. Hrsg. Jalali Naini. Teheran 1965.

Dard, Khwadja Mir: ʿIlm ul-kitab. Bhopal 1309 H/1890-1.

Dard, Khwadja Mir: Divan-i Farsi. Delhi 1891.

Diederichs, Inge, Hrsg.: Im Lande der Königin von Saba. Köln 1987.

Dschami, Maulana ʿAbdur Rahman: Nafahat al-uns. Hrsg. M. Tauhidipur, Teheran 1957

Haft Aurang, Hrsg. Aga Murtaza und Mudarris Gilani, Teheran 1972, darin: Salaman wa Absal; Silsilat adh-dhahab; Subhat al-abrar; Yusuf Zulaikha.

Eaton, Richard: Sufis of Bijapur. Princeton 1978

Enamul Haq: Muslim Bengali literature. Karachi 1957

Ethé, Hermann: »Neupersische Literatur«, in Wilhelm Geiger-Ernst Kuhn, Grundriß der iranischen Philologie, Bd. 2, Straßburg 1901.

Fakhri Harawi, Dschawahir al-ʿadscha'ib, (zusammen mit Raudat as-salatin) Hrsg. Sayyid Hussamuddin Rashdi. Hyderabad/Sind 1968.

Fazlur Rahman: Islam. London-New York 1966.

Ghazzali, Ahmad: Sawanih. Aphorismen über die Liebe. Hrsg. Hellmut Ritter, Istanbul-Leipzig 1942. (Deutsche Übersetzung von Richard Gramlich, und von Gisela Wendt, englisch von N. Pourjavadi).

Ghazzali, Abu Hamid al-: Ihya' ʿulum ad- din. 4 Bde. Bulaq 1872.

Ghulam Farid, Khwaja: Fifty Poems, ed. and transl. by Christopher Shackle. Multan s.d. (c. 1975)

Gibb, E.J.W.: History of Ottoman Poetry, 6 Bde. London- Leiden 1900-1909, repr. 1958-63.

Gölpinarli, Abdulbaki: Mevlâna'dan sonra Mevlevilik. Istanbul 1953.

Gölpinarli, Abdulbaki: Tasavvuftan dilimize geçen terimler. Istanbul 1977.

Gost, Roswitha: Der Harem. Köln 1994.

Gramlich, Richard: Die Wunder der Freunde Gottes. Stuttgart 1987.

Gramlich, Richard: Die schiitischen Derwischorden. 3 Bde. Wiesbaden 1965-81.

Gramlich, Richard: Ü: Die Gaben der Erkenntnisse des ʿUmar as Suhrawardi (Ü von Suhrawardis ʿawarif al-maʿarif). Wiesbaden 1978.

Halladsch, al-Husain ibn Mansur: Divan, Hrsg. Louis Massignon, in: Journal Asiatique, 1931; Hrsg. M. Kamil asch- Schaibi, Beirut 1973.

Hammer, Joseph von: Der Divan des ... Hafis. Aus dem Persischen ... Stuttgart 1812-1813.

Heine, Ina und Peter: O ihr Musliminnen! Frauen in islamischen Gesellschaften. Freiburg 1994.

Heller, Erdmuthe – Hassouna Mosbahi: Hinter den Schleiern des Islam. München 1993.

Hoschyarpuri, Hafeez: Mathnawiha-yi Hir Ranjha. Karachi 1957.

Hujwiri, ᶜAli ibn ᶜUthman al-Jullabi al-: The 'Kashf al-mahjub, the oldest Persian treatise on Sufism, transl. R.A. Nicholson. London-Leiden 1911, und viele repr.

Ibn al-ᶜArabi: Tarjuman al-ashwaq, ed. and transl. R.A. Nicholson, London 1912, repr. mit Vorwort von Martin Lings. London 1978.

Ibn al-ᶜArabi: Fusus al-hikam, Hrsg. A.A. Affifi. Kairo 1946.

Ibn ᶜAta 'Allah, Hikam. Ü. von A. Schimmel: Bedrängnisse sind Teppiche voller Gnaden. Freiburg 1988.

Ibn Iyas: Bada'iᶜ az-zuhur fi waqa'i ᶜad-duhur, Bd. 3-5; Hrsg. M. Mostafa und Paul Kahle. Istanbul-Leipzig 1931-35.

Ibn Khallikan, Wafayat al-aᶜyan. Hrsg. M.G. de Slane, Paris 1838-42.

Iqbal, Muhammad: Rumuz-i bekhudi. Lahore 1917.

Iqbal, Muhammad: Payam-i maschriq. Lahore 1923.

Iqbal, Muhammad: Bang-i dara. Lahore 1924.

Iqbal, Muhammad: Dschavidnama. Lahore 1932. Ü. von A. Schimmel: Buch der Ewigkeit. München 1957; auch in dies.: Botschaft des Ostens. Tübingen 1977.

Jotwani, Motilal: Shah ᶜAbdul Karim. New Delhi 1970.

Karaosmanoglu, Yakup Kadri: Nur Baba. Istanbul 1922. Deutsche Ü. von A. Schimmel: Flamme und Falter. Köln 1987 (völlig überarbeitete Ausgabe der Ü., die 1948 in Gummersbach erschien).

Khaqani, Afdaluddin Badil: Divan. Hrsg. Z. Sajjadi. Teheran 1959.

Kisai: The Tales of the Prophets: Ü. Wheeler M. Thackston. Boston 1978.

Lawrence, Bruce B.: »Honoring women through sexual abstinence.« In M. Subtelny: Festschrift Annemarie Schimmel (Journal of Turkish Studies 18) Cambridge. Mass. 1994

Massignon, Louis: La Passion d'al Hoseyn ibn Mansour al Hallaj, martyre mystique de l'Islam. Paris 1922; erweiterte Ausgabe in 4 Bdn. Paris 1975. Engl. Ü. Herbert Mason, Princeton 1987

Meier, Fritz: Die schöne Mahsati. Wiesbaden 1963

Meier, Fritz: Abu Sa ᶜid-i Abu l-Hair. Leiden 1976.

Meier, Fritz: Baha-i Walad. Leiden 1990.

Mernissi, Fatima: Dreams of Trespass: Tales of a Harem Girlhood. 242 pages. Reading, MA: Addison-Wesley Publishing Company, 1994.

Metcalf, Barbara: Perfecting Women. Mhulana Asaraf Ali Thanawi's Bihishti Zewar. Delhi 1992.

Mez, Adam: Die Renaissance des Islam. Heidelberg 1924.

Murata, Sachiko: The Tao of Islam. Albany NY 1992.

Murata, Sachiko: »Witnessing the Rose. Yaqub Sarfi on the vision of God in women.« In: Alma Giese – J.C. Bürgel, »Gott ist schön und Er liebt die Schönheit«, Festschrift für A. Schimmel. Bern-Frankfurt 1994.

Murata, Sachiko: »Mysteries of Marriage. Notes on a Sufi Text« (Kasani). In: L. Lewisohn, Hrsg.: The Legacy of Mediaeval Persian Sufism. London 1992.

Nahdsch al-balagha, mit Kommentar von Muhammad ᶜAbduh. Beirut 1964.

Nazir Ahmad, Dept.: Mir'at al-ᶜarus. Delhi 1869.

Nizami, Ilyas: Makhzan al-asrar, in Khamsa, 3rd. ed. Teheran 1972.

Nizami, Khaliq Ahmad: The Life and Times of Shaikh Farid Ganj-i Shakar. Aligarh 1955.

Nizamuddin Auliya, Fawa'id al-fu'ad. Ü. Bruce B. Lawrence: Morals for the Heart. New York 1992.

Prior, Loveday: Punjab Prelude. London 1952.

Qalich Beg, Mirza: Zinat. Karachi 1892.

Qalqaschandi, Ahmad al-: Subh al-a ᶜscha. 14 Bde. Kairo 1915-20.

Quddusi, I.H.: Tadhkira-i sufiya-yi Sind. Karachi 1959.

Quschairi, ᶜAbdul Karim al-: Risala fi't-tasawwuf. Kairo 1912. Ü. von Richard Gramlich, Stuttgart 1989

Ramakrishna, Lajwanti: Panjabi Sufi Poets. London-Calcutta 1938. Delhi 1974. Vgl. dazu den Artikel von J. Fück: »Die sufische Dichtung in der Landessprache des Panjab«, Orientalische Literaturzeitung 53 (1940)

Reintjes, Hortense: »Der schöne Joseph«, in Subtelny, Hrsg.: Festschrift für A. Schimmel, Cambridge, Mass. 1994

Ritter, Hellmut: Das Meer der Seele. Gott, Welt und Mensch in den Geschichten Fariduddin ᶜAttars. Leiden 1955, 1978

Rumi, Dschalaluddin: Divan-i kabir ya kulliyat-i Schams. Hrsg. B. Furuzanfar 10 Bde., Teheran 1957-75.

Rumi, Dschalaluddin: Mathnawi-yi ma ^{c}nawi, Hrsg. R.A. Nicholson, in Text, Übersetzung und Kommentar, 8 Bde. Leiden-London 1925-1940. Auswahl in Ü.: A. Schimmel Das Mathnawi. Basel 1994.

Rumi, Dschalaluddin: Fihi ma fihi. Hrsg. B. Furuzanfar. Teheran 1959. Deutsche Ü. von A. Schimmel: Von Allem und vom Einen. München 1987

Sachal Sarmast: Risalo Sindhi, Hrsg. O.A. Ansari. Karachi 1958.

Sachal Sarmast: Siraiki kalam. Hrsg. Maulwi H.A. Sadiq Ranipuri. Karachi 1959.

Sana'i, Abu l-Madschd Madschdud: Divan. Hrsg. M. Razawi, Teheran 1950.

Sana'i, Abu l-Madschd Madschdud: Hadiqat al-haqiqa. Hrsg. M. Razawi, Teheran 1961.

Sauda, Mirza ^{c}Abdul Qadir: Kulliyat. Hrsg. Khurshidul Islam. Aligarh 1965

Schariati, Ali: Fatima ist Fatima. Bonn 1981.

Schimmel, Annemarie: Pain and Grace. A Study of two Indo-Muslim mystical Poets of 18th century India. Leiden 1976.

Schimmel, Annemarie: Islam in the Indian Subcontinent. Leiden 1980.

Schimmel, Annemarie: Mystische Dimensionen des Islam. Köln 1987.

Schimmel, Annemarie: As through a veil. Mystical Poetry in Islam. New York 1982.

Schimmel, Annemarie: Unendliche Suche. Geschichten des Schah Abdul Latif von Sind. München 1983.

Schimmel, Annemarie: The Triumphal Sun. A study of the life and work of Mowlana Jalaloddin Rumi. 2. Aufl. Albany NY 1993.

Schimmel, Annemarie: Al-Halladsch, Märtyrer der Gottesliebe. Köln 1969.

Schimmel, Annemarie: Classical Urdu Literature, Sindhi Literature, beide in: J. Gonda, Hrsg.: History of Indian Literature, Wiesbaden 1974, 1975.

Schimmel, Annemarie: Von Ali bis Zahra. Namen und Namengebung im Islam. München 1993

Schimmel, Annemarie: »Hochzeitslieder der Frauen im Industal.« Zeitschrift für Volkskunde 61,2 (1965).

Schimmel, Annemarie: »Eros – heavenly and not-so-heavenly«. In

Afaf L.S. Marsot, Hrsg.: Society and the sexes in Medieval Islam: Malibu 1979.

Schimmel, Annemarie: »Samiha Ayverdi, eine Istanbuler Schrift-stellerin.« In W. Hoenerbach, Hrsg.: Festschrift für Otto Spies. Wiesbaden 1967.

Schimmel, Annemarie: »Ein Frauenbildungsroman auf Sindhi: Mirza Qalich Begs ›Zinat‹« In: Der Islam 39 (1964)

Schimmel, Annemarie: »A Nineteenth-century anthology of Urdu Poetesses«. In: Islamic Society and Culture. Essays in honour of Aziz Ahmad. Delhi 1983.

Schimmel, Annemarie: »Women in mystical Islam.« In: Women's Studies International Forum 5/11 (1982)

Schimmel, Annemarie: Zeitgenössische arabische Lyrik (deutsche Übertragungen), Tübingen 1975

Schimmel, Annemarie: Aus dem Goldenen Becher. Türkische Lyrik vom 13. bis zum 20. Jahrhundert. 3. erweiterte Auflage, Köln 1992.

Smith, Margaret: Rabi[c]a the mystic and her fellow saints in Islam. Cambridge 1928, mehrere reprints.

Sombahar, Kadin Sairleri Altari. Istanbul, Nr. 21-22, Januar-April 1994.

Sorley, Herbert T.: Shah Abdul Latif of Bhit. Oxford 1940, repr. 1966.

Sprenger, Aloys: A catalogue of the Arabic, Persian and Hindustany manuscripts in the libraries of the Kings of Oudh. Calcutta 1854, repr. 1979.

Stowasser, Barbara Freyer. Women in the Qur'an, Traditions and Interpretations. 206 pages. New York: Oxford University Press, 1994.

Suhrawardi shaikh al-ishraq: Oeuvres en Persan, Hrsg. Henry Corbin, Paris 1970

Suhrawardi shaikh al-ishraq: The Mystical and Visionary Treatises of Suhrawardi. Ü. Wheeler M. Thackston. London 1982.

Sulami: Tabaqat as-sufiya. Hrsg. N. Shariba. Kairo 1953.

Ter Haar, Jon: »The Importance of the Spiritual Guide in the Naqshbandi Order.« In: L. Lewisohn, Hrsg.: The Legacy of Mediaeval Persian Sufism. London 1992.

T'hanawi, Ashraf [c]Ali: Bihishti Zewar, s. Metcalf.

Tirmidhi, al-Hakim al-: Khatam al-auliya. Hrsg. Osman Yahya. Beirut 1965

Troll, Christian W.: Muslim Shrines in India. Delhi 1989.

Usborne, Charles F.: Hir Ranjha. Hrsg.: Mumtaz Hasan. Karachi 1966.

Vaudeville, Charlotte: Barahmasa, les Chansons de douxe mois dans les littératures indo-aryennes. Pondichéry 1965.

Vaughan-Lee, Llewellyn: »The People of the Secret«, in: Sufi 22 (Summer 1994)

Walther, Wiebke: Die Frau im Islam. Leipzig Stuttgart 1980, mehrere Neuauflagen.

Yashrutiyya, Fatima al-: Rihla ila'l-haqq. Beirut s.d., ca. 1955.

Young, William C., »The Kaᶜba, Gender, and the rites of pilgrimage.« International Journal of Middle East Studies 25, 1993.

Zaidi, M.H.: Katalog der Urdu-Handschriften in deutschen Bibliotheken. Wiesbaden 1973, Nr. 64: fawa'id an nisa.

Register

Register der Eigennamen, Stammes-, Länder- und Sprachennamen

202

203

Register der Fachausdrücke

bhakti, Liebesmystik (im Hinduismus) 21

dard, »Schmerz« 76
dhāt, »Wesen, Essenz« 21, 101
dhikr, »Gottgedenken«, vieltausendfache Wiederholung eines Gottesnamens oder einer religiösen Formel, laut oder unhörbar 35, 39, 45, 122, 166; – *dschalī* lauter *dh* 123; – *qalbī,* im Herzen durchgeführter *dh.* 123; *ʿaini,* das ganze Wesen durchdringender *dh.* 123
doğuş (Türkisch) inspiriertes Gedicht 96
dōhā, Zweizeiler (in der indischen Tradition) 130
dschalāl-dschamāl, Gottes Majestät und Macht – Seine Schönheit und Huld, die sich in der Schöpfung manifestieren 104
dunyā, die Welt, das Diesseits 18, 69

er, eren (türkisch), der »wahre Mann«, Gottesmann 17, 75

fatā, »Jüngling«, edler Held 75
fatwā, Rechtsgutachten 12
Flöte 113, 150, 181, 184
futuwwa, Eigenschaft des *fatā;* im Mittelalter gab es *futuwwa*-Bünde, Zusammenschlüsse von durch ihre Tugenden ausgezeichneten Männern 41

Ghasel, Gedicht mit durchgehendem Reim in quantitierender Metren, im Arabischen, Persischen, Türkischen und Urdu verwendet, von Rückert 1820 in die deutsche Literatur eingeführt 130
ghurbat al-gharbiyya, al-, »das westliche Exil«, in dem die Seele, getrennt von der Heimat, schmachtet 173
ginān, religiöse Sänge der Ismailis im Subkontinent 22, 125, 128, 132

hadīth, Überlieferung von Worten und Taten des Propheten 8, 28, 42, 52. S. a. Prophet
hāfiza, Frau, die den Koran auswendig kennt 47
hāl, mystischer »Zustand« 103
hazratbāl, »das edle Haar« des Propheten, wichtige Reliquie 49
himmat, hohes Streben 87
hieros gamos, »heilige Hochzeit« 107, 114

ibn ul-waqt, »Sohn des Augenblicks«: im Sufismus: wer sich den über ihn kommenden göttlichen Inspirationsmomenten, dem »Nu«, überläßt 149
ʿidda, Wartezeit einer Witwe oder geschiedenen Frau bis zur Wiederverheiratung 46, 47
ʿilm ar-ridschāl »Wissenschaft von den Männern«, Methode zur Prüfung der Authenzität von *hadīth* durch Untersuchung der Lebensumstände der Tradenten 8
īschān, »sie« (Plural), Ehrentitel zentralasiatischer Mystiker 174
izdiwādsch rūhānī, »Seelenhochzeit« 109

kāfī (in Sindhi), lyrisches Gedicht 133
kāmōd, Weise eines Schlummerliedes 139
kāng, »Krähe«, Botenvogel (im Indusgebiet) 177
khirqa, der »Flickenrock« des Sufis 45
kibriyā, »göttliche Glorie« 131
kun »Sei!«, Gottes Schöpferwort 104
kunya, Name, aus *abū,* »Vater« oder *umm,* »Mutter« mit einem Eigennamen oder Substantiv gebildet, dient als Ehrenbezeichnung 25

lā, »Nein, nicht«, Beginn des Glaubensbekenntnisses 148, 178
lām, der Buchstabe *l* 178

206

207

'urs, »Hochzeit«, Todestag eines
Gottesfreundes und die Feiern am
Jahrestag seines/ihres Todes 110,
157

vīraha, »Sehnsucht« 21, 110; vira-
hinī (Hindi) die sich nach dem

Geliebten sehnende junge
Frau 21, 119, 131, 132

waṣlī, »Frau, die Einigung erreicht
hat« 132

way, lyrischer Teil in der Sindhi-
Poesie

NB: Manche Begriffe werden in der mystischen Literatur anders verwendet
als in der »normalen« Literatur, oder werden verschieden interpretiert.

Register der Koranzitate